BIBLIOTHÈQUE
DE PHILOSOPHIE CONTEMPORAINE

LE PROBLÈME DES CAUSES FINALES

PAR

SULLY PRUDHOMME
De l'Académie française

ET

CHARLES RICHET
Professeur à l'Université de Paris

PARIS
FÉLIX ALCAN, ÉDITEUR
ANCIENNE LIBRAIRIE GERMER BAILLIÈRE ET Cie
108, BOULEVARD SAINT-GERMAIN, 108

1902

LE PROBLÈME
DES
CAUSES FINALES

ŒUVRES DE SULLY PRUDHOMME

LIBRAIRIE A. LEMERRE

Poésies (1865-1866). — *Stances et poèmes*, 1 vol. avec portrait . . . . 6 fr.

Poésies (1866-1872). — *Les Épreuves.* — *Les Écuries d'Augias.* — *Croquis italiens.* — *Les Solitudes.* — *Impressions de la Guerre*, 1 vol. . . . . 6 fr.

Poésies (1872-1878). — *Les vaines Tendresses.* — *La France.* — *La révolte des Fleurs.* — *Poésies diverses.* — *Les Destins.* — *Le Zénith*, 1 vol.. . . . . 6 fr.

Poésies (1878-1879). — Lucrèce : *De la nature des Choses.* 1er livre. — *La Justice*, 1 vol.. . . . . 6 fr.

Poésies (1879-1888). — *Le Prisme.* — *Le Bonheur*, 1 vol. 6 fr.

L'expression dans les Beaux-Arts, 1 vol. in-8° . . . 7 50

Que sais-je? 1 vol. in-18 . . . . 3 50

Testament poétique, 1 vol. in-18 . . . . 3 50

ŒUVRES DE CHARLES RICHET

LIBRAIRIE FÉLIX ALCAN

La Chaleur animale, 1 vol. in-8°, cartonné. . . . . 6 fr.

Essai de Psychologie générale, 4e édit., 1 vol. in-12. 2 50

Dictionnaire de Physiologie, 5 vol. publiés : chacun. 25 fr.

LE PROBLÈME

DES

CAUSES FINALES

PAR

SULLY PRUDHOMME
De l'Académie française.

ET

Charles RICHET
Professeur à l'Université de Paris.

PARIS
FÉLIX ALCAN, ÉDITEUR
ANCIENNE LIBRAIRIE GERMER BAILLIÈRE ET Cie
108, BOULEVARD SAINT-GERMAIN, 108

1902

AVANT-PROPOS

L'origine de ce livre est un article publié par M. Charles Richet dans la *Revue scientifique*, où la théorie des causes finales était sommairement abordée. M. Sully Prudhomme, dans cette même Revue, répondit et donna une série d'articles, où le problème était envisagé sous divers points de vue et avec plus de développement. Puis M. Charles Richet formula une sorte de conclusion à laquelle M. Sully Prudhomme ajouta un commentaire et une conclusion dernière. Ce sont ces articles en forme de lettres que nous publions ici.

Il ne faut donc pas s'attendre à trouver dans cet ouvrage une étude méthodique, encore moins une solution arrêtée de ce vaste problème. On ne prétend y exposer qu'un échange de vues, peut-être suggestives, en tout cas très peu dogmatiques.

Cette prétention modeste ne saurait appeler que l'indulgence du lecteur.

LE PROBLÈME
DES
CAUSES FINALES

L'EFFORT VERS LA VIE
ET LA THÉORIE DES CAUSES FINALES

PAR CHARLES RICHET

I

Au premier abord, rien ne semble plus enfantin que la théorie des causes finales, et il est facile de la tourner en ridicule. Le nez, disait Voltaire, est fait pour porter des lunettes. Il est certain que parfois les affirmations de beaucoup de finalistes sont plaisantes. Galien, dans son admirable livre sur l'utilité des parties, trouve une cause précise à tout ce qu'il raconte en anatomie ou en physiologie. Bien que quantité de faits allégués par lui soient étrangement erronés, il n'est jamais embarrassé pour leur inventer quelque raison d'être. Fénelon se livre aussi à cet égard à d'assez vaines dissertations. « Si l'air était moins dense, on ne pourrait pas respirer... Si l'air était plus dense, on ne pourrait pas marcher... » Bref, en général, la théorie des causes finales, par suite d'exagérations invraisemblables, est en discrédit auprès des biologistes.

Il se trouve même de fort bons esprits qui la considèrent comme une superstition indigne d'être mentionnée dans une philosophie scientifique[1].

Et en effet, en donnant une importance prépondérante aux causes finales, on risque de tomber dans un grossier anthropomorphisme. Prétendre que la terre a été faite pour l'homme, et que les animaux et les végétaux sont là pour notre usage; que le soleil a pour destination de nous donner lumière et chaleur, que, pour éclairer nos nuits, la nature prévoyante a mis des étoiles à la voûte du ciel, et un astre luminaire qui empêche l'obscurité d'être profonde, ce sont là opinions qui sont d'un assez bon comique, et on a beau jeu de railler ces conceptions puériles.

Il est évident que l'homme est peu de chose sur la terre; que la terre est un petit atome dans le monde solaire; et que le monde solaire est un imperceptible atome dans l'immensité de l'espace. Ce sont là vérités qu'on enseigne à l'école primaire, et sur lesquelles il n'est pas besoin d'insister. De

1. M. E. Regalia a exposé avec beaucoup de force les raisons qui lui font rejeter de la biologie toute considération téléologique (*Contro una Teleologia fisiologica. Archivio per l'Antropol. e l'Etnol.*, 1897, XXVII, fasc. 3, 16 p.).

sorte que toute théorie qui à l'espace, à la matière et aux forces matérielles, chaleur, attraction, lumière, électricité, donne cette cause misérable, l'homme, mérite sans doute d'être étouffée sous le ridicule de notre exiguïté.

Et quand nous parlons de l'homme, nous entendons aussi tous les êtres animés. Les lois mathématiques, connues ou inconnues, qui gouvernent la matière n'ont pas à se préoccuper des êtres vivants, cet accident. Elles nous ont permis d'exister. Voilà tout. Mais, quant à supposer qu'elles existent à cause de nous, c'est une présomption extraordinaire que notre vanité humaine explique et ne justifie pas. Qu'importe à Sirius, dit-on parfois? Eh ! oui, vraiment, qu'importe à Sirius qu'il y ait sur notre planète des oiseaux, des poissons, des insectes, des mousses, des chênes ou des hommes ?

Le monde est tellement vaste, et nous en connaissons un si petit fragment, qu'il serait déraisonnable de tenter de l'expliquer. Avec notre chétive raison, comment pénétrer les causes — nous ne disons pas les lois — de cet univers? Quelques lambeaux de vérité apparaissent par-ci, par-là, arrachés aux ténèbres par nos efforts. Mais ces lambeaux, qui nous pénètrent d'admiration, ne sont rien à côté de tout ce qui nous est fermé. Comment alors se permettre de juger la cause finale de l'univers?

Notre ignorance est tellement profonde que je la

comparerais volontiers à celle d'un spectateur qui, ayant fait une piqûre d'épingle au rideau d'un théâtre, va se mettre au fond de la salle, et de là s'imagine pouvoir juger la pièce qui se joue derrière le rideau, en regardant par le trou d'aiguille. Et certainement nous en connaissons beaucoup moins sur l'univers que ce spectateur n'en pourra connaître sur la pièce que le rideau lui dissimule.

Il faudrait tout savoir pour oser parler d'une finalité. Or, loin de tout savoir, nous ne savons rien.

Les peuples enfants ont conçu l'homme comme un être prédestiné pour lequel des dieux, ou un Dieu, ont tout fait. Toutes les choses, animées ou inertes, sont des présents que Dieu a faits à l'homme ou aux êtres vivants. C'est là la base de toutes les cosmogonies, et, quoique de telles légendes flattent notre amour-propre, nous devons les abandonner aux mythologies des temps préhistoriques.

Ainsi la matière n'a pas été créée pour l'homme ; les forces de la nature n'ont pas été créées pour l'homme ; les lois de la chimie et de la physique ne sont pas faites pour que l'homme puisse vivre. Nous croyons même que jamais l'intelligence humaine ne pourra comprendre le *pourquoi* des lois naturelles qui régissent la matière, même si, dans un temps plus ou moins éloigné, nous arrivons à comprendre le *comment* de quelques-unes de ces lois.

II

Mais cette impuissance de notre intelligence à saisir la cause du monde dans son immensité ne s'étend pas à toutes les parties de ce monde. En effet, le règne animé, végétal ou animal, à côté de l'univers, est un microcosme dont nous pouvons préciser quelques-unes des plus essentielles manifestations. Les botanistes et les zoologistes ont, à très peu d'exceptions près, décrit et classé les diverses formes des êtres vivants. L'anatomie et la physiologie ont éclairé maintes fonctions de ces êtres, et il semble bien que de cette étude une vue d'ensemble se dégage, avec la connaissance de quelques principes directeurs qui nous permettent d'être moins réservés que lorsqu'il s'agit des lois cosmiques.

Certes cette notion de quelques faits de détail ne nous permettra pas de savoir *pourquoi* il y a la vie. Quelque présomptueux que nous supposent les ennemis des causes finales, notre présomption ne va pas jusque-là. Mais, si nous ne savons pas pourquoi la vie existe, pourquoi il y a des êtres vivants, au moins pouvons-nous fort bien concevoir pourquoi telle forme de vie existe, et donner une explication, erronée ou non, vraie ou non, ingénieuse ou téméraire, mais passable en somme, de certaines particularités dans l'organisation ou la fonction des êtres.

Cette finalité première est même tellement évidente *a priori* qu'on ne peut guère songer à la nier. Les plus acharnés adversaires de toute téléologie doivent donc se ranger à notre opinion, au moins dans certains cas.

Par exemple, est-il possible de nier que l'œil ne soit affecté à la vision? Ce serait, à mon sens, tomber dans un excès fantastique d'absurdité que de supposer qu'il n'y a pas un rapport de cause à effet entre l'œil et la vision. Ce n'est pas par hasard que l'œil voit. Il y a tout un agencement de parties, tout un mécanisme merveilleux, dans l'ensemble et dans les détails les plus minuscules, qui nous permet de dire avec certitude : l'œil est fait pour voir.

Je ne crois pas qu'on puisse se soustraire à cette nécessité. L'adaptation de l'œil à un but, qui est la vision, s'impose à nous avec une telle force que les sophismes les plus subtils ne pourront ébranler l'opinion de personne, voire celle des sophistes eux-mêmes.

On ne s'attend pas assurément à ce que je donne ici un exposé de l'anatomie et de la physiologie de l'œil ; mais cet exposé, même dans ses plus petites parties et dans ses considérations les plus techniques, ne serait, à vrai dire qu'un commentaire de cette simple proposition : *L'œil a été fait pour voir.*

Nous avons pris l'œil comme exemple ; mais nous aurions aussi bien pu prendre tout autre organe :

l'oreille par exemple, ou le cœur, ou l'estomac, ou le cerveau, ou les muscles. Qui donc pourrait empêcher le physiologiste de prétendre que l'oreille a été faite pour entendre, le cœur pour lancer le sang dans les parties, l'estomac pour digérer, le cerveau pour sentir et percevoir, les muscles pour produire du mouvement ? L'adaptation de l'organe à la fonction est tellement parfaite que la conclusion s'impose d'une adaptation non fortuite, mais voulue.

Même dans les plus petits mécanismes, cette adaptation est extraordinaire. En anatomie, à chaque instant, on donne des raisons, qui me paraissent le plus souvent fort plausibles, pour expliquer la disposition de tel ou tel appareil. Par exemple, j'admets parfaitement qu'on fasse remarquer que le globe oculaire est protégé par l'arcade orbitaire, saillante et résistante ; par les paupières, mobiles et rapides dans leurs mouvements ; par les cils, qui défendent contre les poussières ; par la sensibilité délicate de la conjonctive, qui provoque un réflexe immédiat.

Ce ne sont pas là seulement des moyens mnémotechniques : c'est l'expression, selon moi, d'une réalité. Dire que l'œil est bien protégé contre les traumatismes, c'est énoncer non une théorie ou une hypothèse, mais bien un fait.

Et en effet, il n'y a que trois manières possibles de s'exprimer là-dessus : ou dire que l'œil est bien protégé ; ou dire que l'œil est mal protégé ; ou ne rien dire du tout. Dire que l'œil est mal protégé, cela est manifestement déraisonnable ; et quant à ne rien dire du tout, sous prétexte qu'en déclarant l'œil bien protégé on tombe dans la théorie des causes finales, c'est témoigner une prudence qui n'est pas de la prudence, mais une pusillanimité enfantine.

La physiologie, comme l'anatomie, nous montre une extraordinaire complexité dans le jeu des parties. Par exemple, pour entrer dans le détail, lorsqu'un corps étranger irritant vient toucher la muqueuse laryngée, cette excitation des nerfs laryngés va aussitôt, par un réflexe d'arrêt, provoquer la toux et suspendre l'inspiration. Est-ce que le physiologiste qui enseigne et étudie la physiologie n'a pas le droit, et même le devoir, d'indiquer que cette toux réflexe n'est pas sans cause ? Au contraire, il doit hardiment proclamer que cette toux réflexe a une cause finale, et une cause finale qui parait bien évidente. Il faut que l'objet étranger soit expulsé au moyen d'une expiration violente ; il faut que, si cette expiration est sans effet, la respiration s'arrête, afin qu'une inspiration nouvelle ne fasse pas descendre profondément dans les bronches l'objet offensif.

Je pourrais citer une centaine d'exemples analogues, et plus encore peut-être ; car la physiologie tout entière n'est guère que la méthodique explication de ces divers mécanismes protecteurs. Quand un animal est asphyxié, le cœur se ralentit par l'effet du nerf pneumogastrique qui exerce son action modératrice. Or, si l'on coupe les pneumogastriques, le ralentissement du cœur ne se produit pas, et l'asphyxie est beaucoup plus rapide. Quand il fait cet exposé à ses élèves, le professeur de physiologie a bien le droit de leur dire que le nerf pneumogastrique a un rôle de défense, de protection dans l'organisme.

Non seulement le professeur doit enseigner ainsi, mais le savant doit faire la même observation ; car il est absurde de supposer une coïncidence fortuite entre l'intégrité du pneumogastrique et l'asphyxie plus lente.

La machine animale est comme un merveilleux appareil automatique dont toutes les parties ont un usage. Cela est si vrai que, lorsqu'on n'est pas arrivé à découvrir la fonction d'un organe, on s'obstine à la chercher. Nous ne savons pas du tout quel est l'usage de la rate. Les animaux dont la rate a été enlevée se portent aussi bien que des animaux intacts, et ils vivent des mois, et même des années, en un état de santé parfait. Faut-il conclure que la rate est inutile ? On ne trouverait peut-être pas un physiologiste pour soutenir cet étrange paradoxe. Nous continuerons donc à chercher quelles peuvent être les fonctions de la rate, tellement l'étude des autres parties du corps nous a appris que chaque organe était affecté à une fonction déterminée.

Jusqu'à ces dernières années on ignorait l'usage de la thyroïde, des capsules surrénales, du thymus et d'autres glandes ; mais on a pu en découvrir la fonction, de sorte que l'hypothèse d'organes inutiles devient de plus en plus problématique, ou, pour mieux dire, insoutenable. La Nature (qu'on écrive ce mot nature ou Nature, peu importe), la Nature n'a pas fait d'organes inutiles, et tout a un but.

Les zoologistes sont finalistes tout autant que les physiologistes peuvent l'être ; et dans bien des cas ils ont donné la raison d'être de certaines particularités de structure.

Le *mimétisme*, c'est-à-dire la ressemblance de l'être vivant avec le milieu dans lequel il vit, n'est certainement pas un phénomène fortuit. Il est en rapport avec la défense de l'être.

Lorsqu'on prend un crabe par la patte, il sectionne lui-même cette patte par une brusque contraction (*autotomie*), de manière à pouvoir s'enfuir et se libérer de son envahisseur. Est-ce là un phénomène fortuit, et comment n'y pas voir un fait de défense ?

Lorsque le poulpe est surpris par un ennemi, il verse un flot d'encre pour faire l'obscurité autour de lui. Est-ce par hasard que ce liquide est noir ? N'avons-nous pas le droit de soutenir que cette émission d'encre est en rapport avec la protection ?

Des livres excellents ont été publiés, riches en détails intéressants, sur les moyens de défense des animaux. Or, toutes les fois qu'on fait l'histoire de ces procédés de protection, on tombe forcément dans un système finaliste, puisqu'on est amené à dire que les diverses fonctions de défense ont pour but la sauvegarde de l'organisme attaqué.

Que nous puissions rendre compte de tout, il s'en faut assurément, et nous avons quelque peine à expliquer quantité de lois naturelles. Pour prendre un exemple entre mille, pourquoi la coloration des poissons qui vivent à des profondeurs que la lumière n'atteint pas ? Il est d'étonnants instincts dont la cause nous échappe. Mais point n'est besoin, pour accepter l'hypothèse finaliste, de tout saisir, dans ce microcosme, si vaste encore, du monde vivant planétaire. Il suffit d'avoir de-ci de-là quelques indications générales, sommaires, qui peuvent servir de jalons à une théorie plus générale.

Je suis donc absolument convaincu qu'il n'est pas possible de supprimer la théorie des causes finales de l'anatomie, de la zoologie ou de la physiologie. Le tout est d'en faire un usage modéré ; car, je le reconnais, il s'agit toujours d'une hypothèse, si vraisemblable qu'elle soit. Lorsqu'on dit : l'œil a été *construit* pour la vision ; l'iris, pour l'accommodation ; la cornée et le cristallin, pour la réfraction ; la rétine, pour la perception, on fait une hypothèse. En réalité, pour ne faire aucune hypothèse, on devrait dire : l'œil *sert* à la vision, l'iris à l'accommodation. Mais la perfection de l'instrument est si admirable qu'on a bien le droit d'y voir l'affectation à un usage déterminé.

III

Allons plus loin encore ; car, dans la recherche des causes finales, le détail ne suffit pas. Nous venons de voir qu'il serait ridicule de ne pas supposer aux organes une fonction, une adaptation, un but bien déterminé. Il faut maintenant chercher si, dans l'ensemble, les êtres vivants ont de grandes fonctions générales adaptées à un but.

Là encore il me paraît qu'il est impossible de se refuser à admettre une cause finale.

Voici, par exemple, l'instinct de la reproduction, dont la force est prodigieuse, qui détermine les actes de quantité d'êtres avec une énergie sauvage que rien n'arrête. Dira-t-on que cet instinct de reproduction n'a pas une utilité, un but ?

Cet instinct irrésistible est absolument nécessaire à la vie de l'espèce, et on ne comprendrait pas la prolongation de la vie à la surface de la terre si cet instinct venait à faire défaut. La vie terrestre alors est-elle une conséquence ou un but? C'est là le seul point litigieux entre les partisans et les adversaires des causes finales.

Les uns diront que la vie persiste parce qu'il y a un instinct et des fonctions de reproduction; les autres diront qu'il y a un instinct et des fonctions de reproduction pour que la vie existe.

Pour moi, en voyant les moyens, à la fois minutieux et puissants, que la Nature a mis en œuvre pour assurer la perpétuité de l'espèce, je ne peux pas supposer que ces extraordinaires et compliqués mécanismes, d'une harmonie prodigieuse, soient l'effet du hasard. J'y vois là une volonté très arrêtée, comme un *parti pris,* en vue d'un résultat.

Si nous ne faisons pas cette hypothèse que la Nature a voulu la perpétuité de l'espèce, et qu'elle a pris quantité de moyens pour l'assurer, nous ne comprenons plus rien; mais tout s'éclaire subitement si nous admettons que la Nature a eu un but, qui a été d'assurer la vie de l'espèce.

Ce qui est vrai des sentiments d'attraction est vrai aussi des sentiments de répulsion. J'ai cherché à trouver la raison d'être, autrement dit la cause finale, des sentiments répulsifs, tels que le dégoût, la peur, la douleur, et il m'a paru que ces sentiments répulsifs sont en rapport avec la destinée des êtres, qui est de vivre.

Autrement dit, de même que l'amour, pour la vie

de l'espèce, est utile et nécessaire, de même la peur, le dégoût et la douleur, pour la vie de l'individu, sont utiles et nécessaires.

La peur, c'est la crainte de l'objet inconnu ou nouveau ; c'est la fuite devant un bruit violent ou un objet monstrueux. Par la fuite, l'être effrayé se soustrait au danger. Un être qui ne serait accessible à aucune sorte de peur ne mènerait pas bien loin son existence. Si l'huître qui bâille au rocher referme subitement ses valves quand l'ennemi approche, c'est sans doute parce qu'elle éprouve un sentiment voisin de la peur. N'est-ce pas ainsi qu'elle se protège ? Vraiment, que deviendrait-elle si elle n'avait pas peur ?

C'est une protection aussi que le vertige, ou peur des abîmes, qui nous empêche de nous avancer dans les chemins dangereux, surmontant des précipices. Et il me semble bien qu'on a le droit de conclure que la peur, dans ce cas, est un sentiment utile, car son efficacité protectrice n'est pas douteuse.

Si le lièvre n'était pas d'une proverbiale timidité, il y a beau temps qu'il n'existerait plus de lièvres : la peur le protège, comme elle protège les êtres vivants.

Je sais bien qu'on peut à la rigueur retourner la proposition, et dire que, s'il y a des lièvres encore, c'est parce qu'ils ont eu le sentiment de la peur. De sorte que la survie des lièvres serait la conséquence de la peur, au lieu d'en être la cause. Mais ceci me paraît une subtilité, très paradoxale, que je n'entends pas très bien.

De même le dégoût est aussi une répulsion protectrice. J'ai essayé jadis de prouver que le dégoût est en rapport avec l'inutilité ou la nocivité des objets. Les poisons végétaux sont amers; les serpents, venimeux ou non, sont, pour tous les êtres, objets de répulsion ou de frayeur; car souvent la peur et le dégoût se confondent. Pourquoi ne pas adopter cette idée simple qu'il y a une finalité au dégoût comme à la peur; que ces deux instincts sont des instincts de défense?

On ne comprendrait pas que l'être n'eût pas d'instincts protecteurs. Il est absurde de concevoir un carnivore ayant du dégoût pour la viande, un herbivore ayant du dégoût pour les herbes, un animal ayant un goût très vif pour les poisons, pour l'acide sulfurique concentré, par exemple. Il y a là une finalité tellement simple, tellement nécessaire, que personne ne peut la contester, ni même s'en étonner. C'est une vérité évidente *a priori* que le goût ou le dégoût des êtres vivants pour les choses n'est pas un phénomène de pur hasard, mais une loi en rapport avec la conservation de l'individu. L'enfant nouveau-né, s'il avait du dégoût pour le lait maternel, mourrait de faim; et, si les animaux avaient du goût pour les plantes vénéneuses, ils périraient bien vite, empoisonnés par toutes les substances toxiques qui pullulent autour d'eux.

Ce que je dis du dégoût s'applique, avec plus de force encore, à la douleur, et j'avoue que les courtoises objections de M. E. Regalia à ma théorie sur la finalité de la douleur ne m'ont pas beaucoup ébranlé. Je persiste donc, au risque de faire une physiologie préhistorique, à croire que la douleur a une raison d'être, une cause finale.

Que toutes les douleurs soient toujours utiles, et à tel ou tel individu, je n'ai jamais prétendu l'affirmer. Il suffit d'avoir eu mal aux dents pour être persuadé qu'il y a des douleurs terriblement inutiles. Mais il ne s'agit pas des douleurs, il s'agit de la douleur; ou, autrement dit, de la sensibilité.

Des êtres insensibles ne pourraient résister aux injures du monde extérieur, s'ils n'avaient pas pour les avertir cette sentinelle de la vie qui les protège. Quand on a sectionné à un animal le nerf de la cinquième paire, qui donne la sensibilité à l'œil, le contact des objets extérieurs avec l'œil ne provoque plus aucune réaction de sensibilité; mais l'animal alors ne se défend plus; en trois ou quatre jours, la cornée blessée s'ulcère, et l'œil est perdu.

Si notre intelligence seule était là pour nous préserver des traumatismes, des fatigues, des empoisonnements, des dangers de toute espèce, il n'y aurait probablement plus d'humains au bout d'une demi-semaine. Une intelligence, fût-elle dix fois plus puissante que la nôtre, ne fournirait pas assez de sagesse et de prudence pour éviter les périls qui nous assiègent. Notre sensibilité cutanée, si exquise, et toujours en éveil, vaut toutes les plus savantes déductions, et il n'y a pas, pour éviter un danger, de syllogisme aussi irrésistible que la douleur d'une brûlure, d'une morsure, ou d'une contusion.

Et quant aux êtres inintelligents, comment peuvent-ils se soustraire au danger, sinon parce qu'ils ont une vague conscience de la douleur, bien plus efficace pour leur faire éviter le mal que toute compréhension précise des choses?

Il n'est donc guère possible de contester ces quatre propositions qui constituent toute la théorie de la finalité de la douleur :

1° La douleur est due à une excitation forte ;

2° Toute excitation forte est funeste à la vie des êtres et destructive de leurs tissus ;

3° La douleur agit sur la conscience de telle sorte que nous nous efforçons de l'éviter ;

4° En conséquence, nous nous efforçons d'éviter les excitations fortes qui portent dommage à nos organes et à nos tissus.

Ainsi les sentiments des êtres vivants sont en rapport, ainsi que la structure et la fonction de leurs organes, avec la conservation de l'individu et avec la conservation de l espèce.

IV

Toutes les propositions qui précèdent entraînent une conclusion générale qui s'impose, c'est que les êtres vivants sont organisés pour vivre, qu'il s'agisse de la vie de l'espèce ou de la vie de l'individu. La nature animée nous offre ce spectacle d'une matière vivante qui fait effort vers la vie — *in vitam ruens*, — et qui, par tous les moyens possibles, essaye de réaliser un maximum de vie. Chez les êtres inférieurs les générations se succèdent avec une fécondité prodigieuse. Pour un adulte qui meurt il y a des millions et des millions de jeunes qui naissent. Chez les êtres supérieurs, la vie individuelle est si bien protégée que, malgré les périls de toute sorte, l'individu peut, parmi les ennemis qui l'assaillent, poursuivre son existence victorieusement, et sortir triomphant des luttes que les autres êtres, avides de s'emparer du carbone et de l'azote qu'il représente, engagent contre lui.

Ainsi l'aspect du monde animé nous apparaît sous la forme d'une lutte pour la vie, d'une *lutte pour le carbone ;* car l'eau et l'oxygène sont en assez grand excès pour que leur conquête n'entraîne pas de compétitions.

Mais cette lutte pour la vie n'est qu'un fait. Ce

n'est ni une théorie, ni même une hypothèse. Or est-il permis d'aller plus loin ? Devons-nous à ce point nous désintéresser de toute théorie qu'après avoir constaté d'une part l'adaptation des organes et des fonctions à la vie de chaque être, d'autre part l'effort immense de tous les êtres vers la vie, et partout l'amour de la vie réalisé par la perfection des moyens de défense vitale, pouvons-nous, dis-je, rester sur cette simple constatation, et nous est-il interdit d'aller plus loin ? Ne devons-nous pas admettre une tendance à vivre, une sorte de finalité première, *qui est la vie ?* Certes la finalité seconde nous est fermée ; mais c'est déjà avoir fait un pas en avant que d'avoir montré que les êtres tendent à vivre, et sont organisés pour vivre.

Assurément notre esprit est avide d'aller au delà ; mais, je le répète, c'est déjà quelque chose que de pouvoir affirmer l'adaptation des êtres à la vie, et la tendance à vivre.

Il semble que tout être vivant paraissant à la surface de la terre ait comme une sorte de consigne qui lui enjoint de vivre. Tout dans sa structure et sa fonction est organisé pour la vie, autrement dit pour la résistance aux causes de destruction qui l'entourent.

Et, quant à l'espèce, elle est plus vigoureuse encore que l'individu.

La lutte pour la vie, telle que Darwin et ses successeurs l'ont comprise, a évidemment un but, qui est la conservation de la vie. Nous ne pouvons guère aller plus loin dans l'explication ; mais au moins pouvons-nous aller jusque-là, et alors trouver des raisons d'être aux mécanismes anatomiques, biologiques ou physiologiques dont sont pourvus les êtres divers.

Renoncer à cette cause finale première, ce serait s'imposer une mutilation dans la pensée : et je ne saurais accepter l'abnégation vraiment héroïque du physiologiste qui, constatant, par exemple, la sensibilité des êtres à la douleur, ne voudrait pas, de peur de paraître finaliste, conclure que la douleur est nécessaire à la vie.

V

On est d'autant plus autorisé à concevoir cette loi de *la vie, cause finale des êtres*, qu'elle s'accorde admirablement avec l'hypothèse de la sélection naturelle. Au lieu d'admettre l'intervention active d'une puissance suprême qui donne aux êtres des formes excellentes et des fonctions délicates pour leur permettre de vivre, n'est-il pas plus rationnel d'attribuer à la loi de la sélection, avec la survie du plus apte, tout ce que cette Providence pourrait faire? Dans ce cas, la Providence n'est plus une divinité construite sur le modèle d'un roi très puissant ; c'est une loi générale, loi féconde et simple, qui a pour conséquences la perfection des organismes et des fonctions. La lutte pour la vie produit tout ce qu'un très sage Créateur aurait pu produire. (Qui sait même si ce n'est pas par ce mécanisme qu'un Créateur aurait agi ?) Elle transforme, rectifie, atrophie, développe. Finalement elle aboutit à des êtres de plus en plus parfaits, de plus en plus adaptés à la vie. De sorte que la finalité de leurs fonctions et de leurs organes devient très facile à comprendre. La matière vivante disséminée à la surface terrestre prend des formes diverses, toujours renaissantes. Elle est en un état de perpétuel devenir. Et cette transformation est une tendance au progrès dans le sens de la vie.

Il y a par conséquent absolue nécessité à émettre cette double proposition : d'abord que les êtres tendent à vivre ; et ensuite qu'ils sont organisés pour vivre, et bien organisés. On ne comprendrait pas qu'il y eût des êtres mal organisés ; car ils disparaîtraient aussitôt.

Et, en dernière analyse, il paraît bien que la loi de la vie se confonde, par le fait même de la lutte de l'existence, avec la loi du progrès, acheminement graduel à un but dont nous ignorons la cause, mais que cependant nous voyons clairement ; c'est-à-dire une somme de matière vivante de plus en plus grande, avec des êtres de plus en plus compliqués et de plus en plus nombreux.

Donc à la loi de la lutte pour la vie vient s'adjoindre une autre loi : *l'effort vers la vie,* qui est comme la conséquence de la première loi. L'effort pour la vie est vraiment une cause finale.

Aussi, dans toute théorie biologique, faudra-t-il, pensons-nous, tenir compte de cette loi que nous formulons ici, la loi de *l'effort vers la vie.*

VI

Mais il me paraît qu'après avoir bien établi la tendance des êtres à vivre, on ne peut guère dépasser cette cause finale. Car, dès qu'on veut aller plus loin, on se heurte à une autre question redoutable : pourquoi la vie ?

Eh bien ! à cette question, je ne crois pas qu'on puisse faire de réponse satisfaisante, et sans doute il en sera ainsi longtemps encore. La vie est un fait ; l'adataption des êtres vers la vie est un fait aussi ; et par conséquent nous n'avons pas jusqu'ici eu besoin d'hypothèses. Il a suffi de considérer le spectacle de la nature vivante pour aboutir à cette double conclusion.

Mais, à pousser notre recherche au delà, nous rencontrons un problème tout autre. La vie des êtres constitue à la surface de notre planète une agitation incessante, une sorte de mouvement tourbillonnaire par lequel une certaine masse limitée de carbone, d'hydrogène, d'oxygène et d'azote est engagée dans des combinaisons en mutation perpétuelle, avec une variété de formes presque infinie, et des mécanismes compliqués et admirables. Nous voyons bien cela ; nous comprenons que cette masse de matière vivante est poussée par un irrésistible effort vers la vie, comme si la vie était son but suprême ; mais notre vue ne porte pas au delà. Car le temps et l'espace nous sont fermés, et, pour la solution d'un pareil problème, il faudrait plus qu'il n'est donné à notre misérable humanité de savoir. Nous n'avons à notre disposition que quelques milliers de siècles et quelques millions de kilomètres carrés, et avec des sens imparfaits, qui ne nous révèlent sans doute que quelques-unes des propriétés de la matière. Nos connaissances sont donc extrêmement contingentes, et nous ne dépasserons pas ce microcosme, qui est la planète terrestre.

Mais au moins, sur ce microcosme, avons-nous quelques données bien précises. Nous savons qu'il y a concurrence vitale, lutte pour la vie, et nous pouvons en conséquence admettre cette conclusion, que la Nature a voulu la vie.

Et, pour qu'il n'y ait pas d'hypothèses, au lieu de dire que la Nature a voulu la vie, nous dirons : *tout se passe comme si* la Nature avait voulu la vie.

Émise ainsi, cette proposition est inattaquable. Elle doit être un fil conducteur pour le biologiste, qu'il s'occupe de botanique, de zoologie ou de physiologie. Plus on approfondit la vie des êtres, plus on découvre des merveilles d'organisation. Chaque fait particulier, et à plus forte raison chaque fait général, a une cause finale; et cette cause finale, c'est l'adaptation à la vie.

C'est en ce sens que nous croyons devoir conserver aux causes finales dans les sciences biologiques une place importante. Gardons-nous, bien entendu, des exagérations malsaines ou puériles; mais reconnaissons franchement que tout dans l'être vivant a une destination; que toutes ses parties et toutes ses fonctions servent à la protection et la propagation de la parcelle de vie qui est en lui.

En un mot, entre les êtres vivants, il y a *lutte pour la vie;* mais il faut admettre quelque chose de plus, c'est-à-dire, chez tout être vivant, *effort vers la vie.*

PREMIÈRE LETTRE

(28 janvier 1899).

L'ESPRIT SCIENTIFIQUE ET LA THÉORIE DES CAUSES FINALES

Mon cher ami,

L'article que vous avez publié dans le numéro du 2 juillet dernier de la *Revue Scientifique* et que vous avez intitulé : *L'effort vers la vie et la théorie des causes finales*, m'a passionnément intéressé, car je suis depuis longtemps obsédé par le problème qu'il soulève. Vous me faites le grand honneur de croire que cette inquiète curiosité suffirait à rendre fructueux un échange de nos vues sur ce problème. Je n'y saurais apporter aucune compétence spéciale ; aussi ne suis-je guère en état de répondre à votre appel. Je vais toutefois m'y efforcer ; j'y gagnerai, j'en suis certain, de précieuses lumières et un bienfaisant retour à mes occupations préférées, dont j'ai sans cesse été distrait depuis que votre article a paru.

La question des causes finales semblait réservée aux philosophes ; ils en faisaient un des sujets de leurs disputes ; mais, depuis que Darwin a renouvelé la conception de Lamarck qui prête à la résoudre négativement, les savants se sont trouvés engagés, bon gré mal gré, dans le débat.

Vous n'avez pas craint de poser nettement cette question, sans respect humain, avec d'autant plus de confiance que, en la discutant là où vous l'avez rencontrée, loin de trahir la méthode scientifique, vous entendiez, au contraire, y demeurer scrupuleusement fidèle.

Cette méthode requiert certaines dispositions intellectuelles et morales qui constituent le véritable esprit scientifique. Le savant qui le possède entièrement est rare. Il serait ici le seul critique tout à fait compétent de votre article. Avant d'en aborder l'examen, il m'importe donc beaucoup de me demander à quoi l'on reconnaît cet esprit, afin de m'appliquer à me l'assimiler le plus possible et de me rendre apte à l'apprécier chez autrui.

On juge la valeur d'un savant, d'une part à la manière dont il observe, dont il institue ses expériences, dont il les interprète, et au parti qu'il en tire pour l'accroissement des connaissances; d'autre part, à l'accueil qu'il fait aux nouveautés qui lui sont signalées. Sur le premier point, sur les procédés d'investigation, je me bornerai à considérer la recherche de la raison explicative d'un fait supposé bien observé. Le savant que je vise commence par essayer les raisons les plus prochaines et les plus directes demandées aux principes admis et aux lois déjà connues. Mais il ne s'y cantonne pas : après un nombre jugé suffisant d'essais infructueux, il cherche résolument hors du cercle des notions acquises l'explication qu'elles lui refusent. S'il la trouve alors avec certitude, il aura par cela même introduit dans la science un principe ou une loi qu'on ignorait, c'est-à-dire opéré, à proprement parler, une découverte scientifique; mais le plus souvent il ne peut que la conjecturer. Elle n'est alors qu'une hypothèse, une explication présumée, conditionnelle et provisoire dont la probabilité croîtra à mesure qu'elle se vérifiera, jusqu'à l'identité reconnue de la présomption et de la réalité.

C'est assurément une règle tout d'abord indiquée par la méthode scientifique d'employer, autant que possible, à l'explication des faits observés le connu déjà conquis. Mais par quels signes le savant est-il averti qu'il a épuisé les ressources du connu pour expliquer un fait qui n'y est peut-être pas réductible ? Comment est-il assuré d'avoir tiré tout le parti possible de ces ressources, dont le plus sagace usage est précisément l'un des caractères du génie scientifique ? Il est singulièrement difficile de marquer le moment précis où la fidélité à la règle susdite devient une obstination stérile. Il faut pourtant se décider à entrer dans une voie non frayée quand les chemins tracés n'ont mené à aucune explication satisfaisante. Une tendance excessive à s'y attarder, à simplifier les raisons explicatives, risque d'induire à méconnaître des différences essentielles, et par là même à enrayer le progrès des connaissances humaines. J'en prendrai pour exemple la tendance outrancière à réduire le déterminisme au pur mécanisme, c'est-à-dire au conditionnement nécessaire et suffisant de toute variation par quelque antécédent qui l'explique à titre de cause efficiente, abstraction faite des états de conscience, considérés dès lors comme de simples épiphénomènes conditionnés, mais ne conditionnant pas. C'est donc un déterminisme où les faits de conscience sont déterminés et ne déterminent rien, exclusif, par conséquent, des causes finales. Dans l'ordre physico-chimique, le déterminisme s'identifie au mécanisme sans difficulté : la conscience est exclue de la trame continue des événements dont chacun est conditionné et conditionne à son tour, successivement cause efficiente et effet. C'est à l'apparition de la vie que les difficultés commencent. Il est conforme à la méthode des sciences dites positives de réduire à la loi du déterminisme tous les faits qui tombent sous les sens et même, s'il est possible, tous les faits de conscience eux-mêmes, en démontrant qu'ils sont conditionnés par les premiers. Mais il n'est pas certain que les faits de conscience ne conditionnent rien, qu'ils ne soient que des épiphénomènes ; que tout soit d'ordre mécanique dans le déterminisme, ni même que celui-ci rende compte de toutes les variations et de toutes leurs causes dans l'univers. Le souci extrême de simplifier l'explication du libre arbitre, par exemple, et de l'obligation morale en les ramenant au déterminisme, porte à ne voir dans l'un qu'une illusion et dans l'autre qu'un dépôt mnémonique d'impressions accumulées depuis l'origine des sociétés, un souvenir héréditaire des suites le plus souvent expiatoires d'une conduite antisociale. Devenu exclusif, un pareil souci est un parti pris qui expose à ne pas tenir compte, dans ces deux données du sens intime, de certains caractères peut-être irréductibles qui les distingueraient foncièrement des faits régis par le déterminisme ; je ne tranche pas ici la question ; je me borne à signaler un danger. Ce serait, en effet, par un abus de l'esprit de simplification, nuire au progrès de la science que de méconnaître l'irréductibilité d'une différence aux notions acquises, ce serait frustrer la science de la découverte, ultérieurement possible, de quelque raison de cette différence, c'est-à-dire de quelque principe nouveau ou de quelque loi nouvelle. Peut-être aussi serait-ce oublier que l'explication en peut demeurer interdite à la raison humaine, dont les limites et les impasses ont été rigoureusement définies par Kant.

J'ai dit que le véritable esprit scientifique a pour second caractère l'attitude du savant en présence des nouveautés. C'est un point très important. Il les doit accueillir libéralement, tout en se réservant le plus minutieux contrôle des faits annoncés et la plus attentive analyse des idées présentées. Le savant, lorsqu'une proposition d'apparence paradoxale ou un fait étrange sont offerts à son examen, ne doit pas abuser de l'invraisemblance de l'un ou de l'autre pour y opposer une fin de non-recevoir; il doit se défier de sa défiance même, car l'ignorance des causes engendre l'incrédulité comme elle favorise la crédulité. Dans le domaine des phénomènes électriques, par exemple, les nouvelles découvertes ont permis des applications prodigieuses, entre autres le téléphone, où l'acoustique entre avec l'électricité dans des relations tout à fait imprévues. La transmission réalisée de la parole à des distances que ne peut franchir pour l'oreille une propagation continue des ondes sonores eût pu sembler chimérique aux physiciens du milieu de ce siècle. Prohibitive de l'examen et du contrôle scientifiques, la défiance poussée à l'excès devient prévention et empêche l'utile discernement du vrai et du faux dans les assertions accréditées et suspectes en les condamnant intégralement d'avance, au préjudice encore de l'avancement des sciences. Le courageux discours prononcé récemment par William Crookes devant la Société royale des sciences de Londres donne beaucoup à réfléchir sur ce point ; mais il touche à un problème transcendant sur lequel je n'ai aucune vue distincte et qui n'intéresse pas celui dont nous nous occupons.

C'est donc, en résumé, une juste proportion de prudence et de hardiesse, de patience et d'initiative, c'est cette harmonie rare de qualités intellectuelles et morales qui me semble constituer le véritable esprit scientifique, sûr et fécond.

Vous accepterez, je l'espère, la définition sommaire que je viens de vous soumettre de cet esprit. Rien dans votre article n'y est contraire. Mais je voudrais avoir la même confiance de m'entendre avec vous sur la dernière expression de votre pensée touchant la place et le rôle assignables aux causes finales dans la science positive, car pour moi le principal intérêt de notre conversation dépend de cette entente.

En physiologie vos travaux et vos leçons ont exercé chez vous l'esprit scientifique, et c'est précisément la physiologie qui a provoqué vos méditations sur les causes finales et vous en a imposé le concept, antiscientifique en apparence. Votre conversion n'a pas été sans combat, vous l'avez laborieusement disputée à votre éducation déterministe et il semble que vous apportiez à défendre votre présent *credo* l'ardeur d'un néophyte d'autant plus convaincu qu'il a douté davantage. Telle est l'impression que donne la lecture de votre article jusqu'au sixième et dernier paragraphe. Puis, dans ces dernières lignes, en proposant pour conclusion : *tout se passe comme si la nature avait voulu la vie,* vous atténuez, vous retirez même le caractère nettement affirmatif de toute l'argumentation qui précède sur l'existence réelle des causes finales. Cette formule circonspecte n'engage plus votre conviction. Vous avez affirmé d'abord que la Nature a voulu la vie, et ensuite vous concédez qu'il se peut qu'elle ne l'ait pas voulue ; vous vous bornez à prétendre qu'il est licite et avantageux de raisonner comme si elle l'avait voulue. Une pareille concession présente sans doute l'avantage d'écarter la préoccupation de savoir s'il y a réellement dans la nature une volonté, une intention d'adapter les formes aux fonctions vitales. Mais on se demande alors si, cette intention étant mise hors de cause, l'adaptation ne perd pas tout caractère de finalité. Aussi par là ne sauriez-vous manquer de vous réconcilier avec les savants déterministes que vous aviez inquiétés tout d'abord, car en leur faveur vous laissez entière la question de la réalité des causes finales, vous laissez subsister ce qui est pour eux l'important. Ils ne nient pas, en effet, et personne ne conteste qu'il n'y ait en certains cas apparence de finalité dans la nature : ils vous permettent donc volontiers de dire qu'il semble, même jusqu'à s'y méprendre, exister des causes finales, pourvu que, à votre tour, vous leur permettiez d'affirmer qu'il n'en existe réellement pas. Ils se montreront, à cet égard, d'autant plus accommodants qu'eux-mêmes ils usent du langage des finalistes, mais à titre de figure seulement. En présence d'une forme constante et définie, telle que la rate, par exemple, quand même elle ne manifeste aucune utilité, ils n'hésitent point à lui en supposer une et ils la cherchent. Ce n'est pas qu'ils croient à la finalité de cette forme, mais comme d'autres formes, également constantes et définies, ont été reconnues organes de fonctions physiologiques, et qu'ils ne voient pas de raison qui s'oppose à ce que la rate en soit un au même titre, ils en infèrent, par pure analogie, qu'elle en est un en effet. Ils n'oublient point pour cela que l'utilité d'une chose n'en implique pas nécessairement la finalité : le blé est de première utilité pour la nourriture de la plupart des hommes et il ne s'ensuit pas qu'il ait pour fin de les nourrir, qu'il ait été créé pour cet usage.

Ainsi je pourrais vous accorder que tout se passe comme si la Nature avait eu l'intention d'organiser la vie sur la terre et vous démontrer qu'en réalité il n'y a pas d'intention dans la Nature, sans avoir par là mis en échec la justesse empirique et l'avantage pratique de votre conclusion telle que vous l'avez formulée. Or ce qui m'intéresse, à mon point de vue philosophique, c'est, au contraire, de savoir si en réalité une pensée organisatrice préside à l'évolution de la vie ou si cette évolution peut s'expliquer par des données initiales purement mécaniques, modifiées progressivement par des conditions, mécaniques aussi, qu'elles rencontrent dans leur milieu; c'est de savoir si l'œil se forme afin qu'il y ait vision ou si la vision existe parce que l'œil a pu se former. Vous avez écrit que la seconde hypothèse vous semblait *absurde;* autant dire qu'il vous semblait absurde de nier la réalité des causes finales en physiologie. Dès lors vous aviez brûlé vos vaisseaux, vous n'aviez plus de ménagements à garder envers la théorie contraire. Je rencontrais en vous une conviction à partager ou à combattre. Mais si vous ajoutez ce correctif qu'après toutes vos considérations, il demeure également possible que de pareilles causes existent ou n'existent pas en physiologie, mais aient seulement l'air d'exister, vous retirez à vos raisons d'y croire le crédit même qui en motiverait pour moi la critique. Si, au contraire, la concession que vous faites aux savants non finalistes n'a d'autre objet que de les convier à user du concept de finalité seulement à titre d'instrument de recherche et dans les limites restreintes de la physiologie, sans nul préjudice à votre conviction personnelle, la discussion de votre article présentera pour moi le plus vif intérêt. Je crains, à vrai dire, qu'ils ne jugent votre invitation superflue, car ils usent déjà de ce concept sans le considérer comme une hypothèse susceptible de consécration, telle que celle de l'éther, par exemple. Quand même, dans l'application, ils ne le trouveraient jamais en défaut, ils persisteraient à n'y voir qu'une assimilation anthropomorphique, et ne consentiraient pas à lui conférer la valeur d'une hypothèse scientifique, parce que, à leurs yeux, il est condamné d'avance par son incompatibilité avec le déterminisme, soit purement mécanique, soit psycho-physique[1], c'est-à-dire avec les conditions mêmes de la science expérimentale.

Veuillez donc, mon cher ami, lever mon doute sur le sens exact de votre conclusion, sur la portée que vous lui attribuez, car vous déclarez vous-même formellement que ce n'est pas une hypothèse, de sorte que vous sembleriez ne plus voir dans l'adaptation de l'organe à la fonction qu'une incontestable apparence de finalité, comme le font déjà les savants non finalistes, apparence que vous renonceriez à tenir pour adéquate à la réalité. Je serais heureux d'être fixé sur ce point avant de m'engager dans l'analyse critique de votre article.

1. Le déterminisme qui insère la conscience dans la série continue des événements se conditionnant successivement les uns les autres.

SECONDE LETTRE

(4 mars 1899.)

L'ANTHROPOMORPHISME ET LES CAUSES FINALES

Vous m'engagez à ne pas attendre plus longtemps votre réponse à ma précédente lettre, et à vous donner mon sentiment sur la théorie des causes finales et l'application que vous en faites, vous réservant de répondre à mes lettres en une fois. Je me rends à votre désir.

Je vais relire avec vous votre article et en entreprendre l'examen et le commentaire. Je le ferai avec un esprit d'autant plus libre que, au moment où j'écris ces lignes, mon opinion n'est pas encore arrêtée sur la question que vous soulevez ; il me suffirait de la bien poser pour moi-même. Vos premiers paragraphes d'introduction ont pour objet de prévenir toute imputation de témérité métaphysique et de complicité avec des finalistes exagérés. Vous signalez tout de suite leurs ridicules excès par la citation du mot plaisant de Voltaire : *Le nez est fait pour porter des lunettes*, et vous déclarez ne pas prétendre poser pour tout l'Univers la question de finalité :

Il faudrait tout savoir pour oser parler d'une finalité. Or loin de tout savoir nous ne savons rien.

Et vous concluez :

Ainsi la matière n'a pas été créée pour l'homme; les forces de la nature n'ont pas été créées pour l'homme; les lois de la chimie et de la physique ne sont pas faites pour que l'homme puisse vivre. Nous croyons même que jamais l'intelligence humaine ne pourra comprendre le *pourquoi* des lois naturelles qui régissent la matière, même si, dans un temps plus ou moins éloigné, nous arrivons à comprendre le *comment* de quelques-unes de ces lois.

Cette attitude est extrêmement prudente. Reste à définir ce qui distingue le finalisme excessif du finalisme normal, à déterminer avec précision la limite qui sépare la portion de l'Univers régie par la finalité de celle qui ne l'est pas. Pour discerner la seconde de la première l'invraisemblance seule ne serait un criterium ni scientifique ni sûr, car elle est, par elle-même, purement conjecturale; dès qu'elle cesse de l'être, elle devient l'absurdité. Si invraisemblable qu'il soit, à première vue, qu'une donnée inconsciente et immense, comme était le Cosmos à l'état de nébuleuse, bien avant l'apparition de la vie, ait eu pour raison d'être et pour fin l'existence future d une quantité relativement minime et, à cet égard, négligeable, de substance vivante, ce n'est pourtant pas, à tous points de vue, inadmissible. Cette donnée brute représente, il est vrai, dans l'espace, une masse et un volume, en un mot une valeur quantitative infiniment supérieure à celle, du même ordre, que représentent tous les vivants réunis; mais, en revanche, ceux-ci représentent le résultat d'une très longue et très laborieuse sélection, une élite d'individus offrant, même au seul point de vue physico-chimique, un arrangement moléculaire fort complexe, en outre une disposition organique plus complexe encore, et enfin, dans la série animale, un centre d'opérations psychiques. Ils représentent donc, en somme, dans un ordre infiniment supérieur, dans l'ordre des faits de conscience, une valeur sans commune mesure avec les autres, qui sont, en dernière analyse, d'ordre purement mathématique et mécanique.

Ainsi, quant à l'importance, entre ces deux ordres de choses, l'inorganique immense et l'organique en beaucoup moindre quantité, la balance est égale, ou plutôt elle penche en faveur du second, et une finalité universelle, impliquant tout le cosmos pour en faire aboutir l'évolution à des organismes conscients, dont le cerveau humain pourrait n'être qu'un des types inférieurs encore, n'est pas, pour un finaliste conséquent, aussi irrationnelle à l'examen qu'invraisemblable à première vue.

Ce finaliste ne se sent donc pas autorisé à alléguer uniquement l'invraisemblance, encore moins l'absurdité (qui suppose contradiction), pour déclarer inadmissible *a priori* une évolution extra-terrestre et indéfinie de la vie, évolution qui étendrait le domaine et le ressort des causes finales, dans l'espace et le temps, bien en deçà et au delà de notre planète et les rendrait contemporaines et souveraines de la nébuleuse antérieure à toute forme définie. Bien loin que cette extension soit à ces seuls titres inadmissible pour l'homme, elle motiverait, au contraire, et justifierait à ses yeux l'existence de toutes choses dans l'Univers ; elle y donnerait un sens, car tout ce qui demeure inconscient lui semble, malgré lui, sans raison d'être, à moins de contribuer à l'éclosion de la conscience.

Une pareille généralisation du système des causes finales vous paraît néanmoins, à vous finaliste, outrecuidante et vous en souriez comme d'une puérile chimère. Certes, si l'évolution de la vie, dans l'Univers, devait avoir pour terme suprême la confection du cerveau humain et l'intelligence humaine, le jeu, comme on dit, n'en vaudrait pas la chandelle ; mais qui vous empêche de concevoir une série illimitée et progressive d'organismes cérébraux et d'intelligences répartis sur une infinité de planètes ?

Il vous semblerait dès lors moins ridicule de supposer que toute la substance cosmique ait été prédestinée à se créer progressivement une conscience d'elle-même et une sensibilité qui lui fourniraient, certes, une suffisante raison d'être. Au surplus, ne vous rapprochez-vous pas de cette hypothèse, si aventurée qu'elle soit, dans le passage suivant de la fin de votre article (V), qui pourrait ne pas viser seulement le monde terrestre, car la loi du progrès régit tout l'Univers, des nébuleuses aux planètes?

Et, en dernière analyse, il paraît bien que la loi de la vie se confonde, par le fait même de la lutte de l'existence, avec la loi du progrès, de l'acheminement graduel à un but dont nous ignorons la cause, mais que cependant nous voyons clairement; c'est-à-dire une somme de matière vivante de plus en plus grande, avec des êtres de plus en plus compliqués et de plus en plus nombreux.

Dans l'introduction de votre article, par prudence scientifique, vous témoignez donc une répugnance peut-être excessive, illogique, à intéresser l'Univers entier au développement de la vie. Vainement, en effet, objecteriez-vous qu'il n'était pas besoin de tant de substance cosmique pour subvenir à la formation et à l'entretien des vivants, et que, sur notre planète, par exemple, tous les grains de sable des déserts et toutes les molécules d'eau des mers n'y concourent pas. Sans doute, mais vous n'expliquezriez pas mieux la surabondance prodigieuse des germes dans le règne végétal et dans le règne animal, multitude dont une portion relativement minime est seule utilisée pour la reproduction. Si vous répliquez qu'il en faut un excès pour en assurer le nécessaire, l'argument pourrait être retourné contre vous. Ne serait-ce pas, en effet, de l'inconséquence et de l'ingratitude de reprocher à la Nature d'avoir assuré à la vie un fonds de réserve inépuisable, un habitacle et des provisions par un excès initial de matériaux à l'état de nébuleuses. Les combinaisons de ces matériaux ont bien pu être, tout comme le sont les conjonctions sexuelles, exposées à des hasards contraires à leur destination, et le superflu, les atomes qui devaient demeurer sans emploi pour la vie, tous ces atomes se seraient groupés, selon leurs propres lois physico-chimiques, en molécules stériles et inassimilables, sur notre globe et sur les autres astres. Ainsi, à tout prendre, la Nature n'aurait pas été plus exagérément prodigue en moyens d'assurer les fondements de la vie qu'elle ne l'est en ressources pour la propager.

Mais vous n'êtes pas entré dans toutes ces considérations fort éloignées de la science positive. En réalité ce qui vous retient sur la pente d'un finalisme illimité, c'est avant tout la crainte de concevoir l'économie de l'Univers à l'image de l'économie humaine. L'homme, en effet, est condamné à tout voir à travers sa propre nature, et c'est pour lui une cause immanente d'illusion, d'erreur, ici bien redoutable. C'est formellement l'anthropomorphisme que vous assignez pour caractéristique à l'abus du concept finaliste, et c'est lui qui seul est responsable du ridicule que vous invoquez comme un argument contre cet abus, parce que seul il crée l'invraisemblance, la disproportion qui fait rire. Vous dites, en effet, dès le début de votre article, en parlant de la théorie des causes finales :

> Il se trouve même de fort bons esprits qui la considèrent comme une superstition indigne d'être mentionnée dans une philosophie scientifique.
>
> Et en effet, en donnant une importance prépondérante aux causes finales, on risque de tomber dans un grossier anthropomorphisme...

Malgré ce désavœu formel de l'anthropomorphisme, vous appliquez sans précaution le vocabulaire de la psychologie humaine à l'essence des causes finales en biologie, ce qui est compromettant et donne des armes contre vous. Ainsi je relève dans le cours de votre article les passages suivants :

> L'adaptation de l'organe à la fonction est tellement parfaite que la conclusion s'impose d'une adaptation non fortuite, *mais voulue*.
>
> . . . .
>
> Pour moi, en voyant les moyens à la fois minutieux et

puissants que la Nature a mis en œuvre pour assurer la perpétuité de l'espèce, je ne peux supposer que ces extraordinaires et compliqués mécanismes, d'une harmonie prodigieuse, soient l'effet du hasard. J'y vois là *une volonté très arrêtée*, comme un *parti pris*, en vue d'un résultat.

Si nous ne faisons pas cette hypothèse que *la Nature a voulu* la perpétuité de l'espèce, et qu'elle a pris quantité de moyens pour l'assurer, nous ne comprenons plus rien...

. . . .

Donc à la loi de la lutte pour la vie vient s'adjoindre une loi : *l'effort vers la vie*, qui est comme la conséquence de la première loi. L'effort pour la vie est vraiment une cause finale.

Aussi, dans toute théorie biologique, faudra-t-il, pensons-nous, tenir compte de cette loi que nous formulons ici, la loi de *l'effort vers la vie.*

. . . .

Mais au moins, sur ce microcosme, avons-nous quelques données bien précises. Nous savons qu'il y a concurrence vitale, lutte pour la vie, et nous pouvons en conséquence admettre cette conclusion que la Nature *a voulu la vie.*

Vous employez donc avec insistance les mots *vouloir* et *effort* pour signifier certaines démarches de la Nature, et par là, sans attacher d'ailleurs une importance doctrinale à la majuscule initiale de ce dernier mot, vous n'en personnifiez pas moins cette entité qui n'est, dans le langage usuel des savants, qu'un symbole verbal de l'activité universelle, que qu'elle puisse être. L'effort proprement dit procède du vouloir, et le vouloir implique individualité psychique de l'agent. Nous ne connaissons le vouloir que par la conscience que nous en avons dans nos actes. Vous identifiez donc un des modes d'activité de l'Univers à l'activité volontaire de l'homme. N'est-ce point là faire de l'anthropomorphisme? Vous me répondrez que vous n'identifiez pas, mais assimilez seulement le premier de ces genres d'activité au second. Vous n'entendez donc pas vous exprimer au propre, mais bien au figuré, c'est-à-dire en poète. J'en suis à la fois honoré et confus. Les rôles seraient intervertis, car je m'applique autant que je le peux à parler avec la précision scientifique. Mais, le sujet ne le comporte pas, répliquerez-vous peut-être. Ce serait pourtant abdiquer, ce serait renoncer à l'espoir d'intéresser les savants à votre cause, et vous n'avez nullement cette intention.

Vous êtes donc mis en demeure de définir l'anthropomorphisme avec la plus grande exactitude, afin que vos adversaires n'abusent pas contre vous de l'indétermination du sens de ce mot, et de la témérité de votre propre langage. D'une part, en effet, si vous prétendez exclure l'anthropomorphisme du concept des causes finales, il vous objecteront que, de votre propre aveu, il y est essentiellement impliqué et, d'autre part, si, renonçant à l'en exclure entièrement, vous prétendiez qu'il y a une distinction à faire entre l'anthropomorphisme grossier et un autre, circonspect et légitime, ils vous objecteraient que cette distinction est des plus suspectes et laisse une porte ouverte à l'arbitraire.

En réalité, n'est-ce pas? vous repoussez l'anthropomorphisme, soit intégral, soit partiel, et vous n'êtes pas disposé à vous départir de la rigueur scientifique qui vous est habituelle. Il faut donc définir exactement le sens de ce vocable ; ce sera d'autant plus utile que les dictionnaires les plus autorisés ne donnent pas de ce mot une définition qui corresponde à l'usage que les savants en font aujourd'hui. Voici celle du dictionnaire de l'Académie : *Doctrine ou opinion de ceux qui attribuent à Dieu une figure humaine ou des actions et des affections humaines.* Le dictionnaire de Littré donne la suivante : *Doctrine ou opinion de ceux qui attribuent à Dieu une forme humaine.* Officiellement le mot appartient donc au vocabulaire de la théologie, mais il a passé dans celui de la philosophie des sciences, de la philosophie dite naturelle, pour signifier une erreur qui se produit assez fréquemment dans ce domaine. Cette erreur n'est pas nettement caractérisée, permettez-moi d'en rechercher ici l'origine et la nature. Ma critique y gagnera plus d'assurance.

Remarquons tout de suite que, s'il n'existait rien de commun entre le sujet pensant et l'objet, aucune relation ne pourrait s'établir entre eux, et que, par suite, toute connaissance serait impossible. Il n'y a donc jamais pensée sans que l'objet participe de la nature du sujet. Si donc on définissait l'anthropomorphisme l'erreur commise par un sujet qui fait participer de sa nature l'objet auquel il pense, comme cette participation est la condition même de la pensée, il s'ensuivrait que celle-ci serait anthropromorphique par essence, nécessairement erronée. Il n'en est rien ; aussi convient-il de distinguer le cas où le sujet attribue avec raison à l'objet une qualité réellement commune à l'un et à l'autre, du cas où au second le premier attribue par erreur une qualité qui lui est exclusivement propre. C'est dans ce dernier cas seul qu'il y a anthropomorphisme. La question dont il s'agit est donc, au fond, celle de la distinction du subjectif et de l'objectif. Je ne saurais entreprendre ici de la traiter tout entière. Je me bornerai à vous rappeler ce qui vous intéresse directement.

La perception d'un objet quelconque est le produit de quatre facteurs : 1° l'impression de l'objet sur les nerfs sensitifs ; 2° une donnée consciente qui en résulte, passive et d'abord confuse, mélange de sensations ; 3° une réaction de l'activité mentale, de la pensée, qui sous le nom d'*attention*, la débrouille ; enfin, 4° une synthèse de sensations opérée par la pensée, sur les indications de l'impression, et plus ou moins objective, selon que la pensée s'y conforme plus ou moins fidèlement. L'unité synthétique reconnue par celle-ci à la donnée sensible est un système de rapports ; ce système constitue, à proprement parler, l'idée de l'objet. C'en est l'idée particulière, laquelle subsiste après que la perception a cessé, et continue à en relier les éléments sensibles, passés à l'état mnémonique, sans être affectée par leur altération. Sa genèse même témoigne dans quelle mesure elle participe de l'activité qui la crée, de la nature du sujet pensant.

Les idées générales et les idées abstraites procèdent d'opérations intellectuelles où l'initiative de celui-ci, exposée à plus d'écarts dans une sphère plus étendue, risque davantage encore, en certaines spéculations, de les faire participer de son tempérament, de son caractère circonspect, timide ou téméraire. Cette remarque trouve sa confirmation dans la diversité des doctrines métaphysiques et spécialement des théologies.

La pensée enfin peut négliger entièrement les indications que lui donne l'impression dans la donnée sensible ; elle en peut combiner les éléments à sa guise. C'est l'œuvre de l'imagination créatrice, dont les synthèses sont tout arbitraires.

D'après l'analyse qui précède, quelque chose de l'essence humaine est, à doses variables, fatalement impliqué dans toutes les idées humaines formées sur les données sensibles de l'impression ; l'esprit impose son intime constitution et sa forme à ses produits, le tempérament et le caractère du sujet pensant contribuent à en altérer l'objectivité adéquate.

Une idée ne pourrait être intégralement objective que si la nature du sujet était identique à celle de l'objet.

Cette identité de nature est approximativement réalisée dans le cas de la connaissance par l'expression. Il existe chez tout homme des caractères communs à son extérieur physique et à sa personne morale, qui permettent à autrui de communiquer avec celle-ci par le premier, au moyen de la sympathie ; l'ensemble de ces caractères expressifs constitue ce qu'on appelle la *physionomie*. Le visage, par exemple, procure des renseignements psychiques objectifs ; la voix également. Mais l'expression n'est pas toujours objective ; tant s'en faut ! Par exemple, le visage qu'un enfant prête à un rocher, la voix qu'il prête au murmure du vent, l'induisent en erreur, car il suppose à ces objets bruts une essence psychique analogue, de près ou de loin, à la sienne propre. L'expression est alors purement subjective et décevante.

En somme la condition essentielle des deux modes de la connaissance, l'un purement intellectuel, l'autre esthétique, détermine chez l'homme une tendance à concevoir toute activité du monde extérieur sur le type de la sienne, telle que la lui révèle sa conscience. Cette tendance est fallacieuse quand il emprunte à sa propre activité l'unité synthétique imposée par sa pensée aux éléments sensibles que détermine en lui l'impression d'un objet dont la nature diffère foncièrement de la sienne ; elle favorise au contraire la connaissance et lui confère l'objectivité, quand l'objet est d'une nature identique ou au moins semblable à la sienne. Voici deux exemples topiques du premier cas, l'un le plus simple et le plus concret à la fois, l'autre le plus complexe et le plus abstrait : un petit enfant, accidentellement heurté par un meuble, le bat ; un philosophe conçoit une divinité personnelle créatrice et organisatrice d'un monde distinct d'elle-même. Voici deux exemples du second cas : Pythagore et Euclide ont très légitimement institué l'arithmétique et la géométrie ; leurs produits intellectuels sont objectifs, parce que la pluralité et l'étendue sont des catégories qui, n'appartenant pas exclusivement à l'essence humaine, ne sont pas subjectives ; les idées qu'ils s'en sont formées expriment des relations indifféremment abstraites de tous les corps, y compris le corps humain.

Archimède a aussi institué la mécanique objectivement, parce que le concept de la force lui a été fourni par la conscience d'une résistance du dehors à la pression musculaire, abstraction faite du vouloir prémédité qui conditionne celle-ci (comme par exemple, dans le cas où elle s'exerce contre le sol pendant la marche devenue automatique par l'habitude) ; or une activité, dans le monde extérieur, en tant qu'elle résiste à la force musculaire, est nécessairement de même nature que celle-ci[1]. Quand Buffon, à l'encontre de Descartes, attribue des qualités psychiques au chien, il émet une opinion très probablement objective, parce que l'expérience vulgaire, et spécialement celle des chasseurs, démontre qu'il existe en cet animal quelque chose de commun avec le psychique humain, qu'il est capable d'affection, de crainte, d'obéissance, de volonté dirigeant une action vers un but, et parce qu'une explication mécanique de pareils actes est au plus haut degré invraisemblable. Mais si quelque fait similaire, tel que l'orientation prédéterminée d'une molécule alimentaire dans la réfection d'un membre, l'adaptation d'une forme à une fonction, était dûment constaté dans les relations organiques d'un corps vivant, serait-on autorisé à présumer que du psychique y préside? Sans doute il faudrait d'abord s'assurer que

1. Un exemple précisera ma pensée. Quant un enfant agit sur un dynamomètre, par un grand effort il n'y opère qu'un faible déplacement. La résistance mécanique du ressort mesure la force musculaire, parce que celle-ci est de même nature, mécanique aussi ; le ressort analyse par là l'effort, il y sépare l'élément physique de l'élément psychique (le vouloir).

la ressemblance de ce fait aux précédents suffit pour en permettre la même explication, en prouvant que rien de purement mécanique ne peut l'expliquer. Cette preuve est à fournir, car il existe des cas où des effets mécaniques imitent merveilleusement certains effets psychiques ; l'électricité, par exemple, peut agir sur les muscles d'un visage de manière à lui communiquer des expressions passionnelles auxquelles ne correspond aucune émotion chez le patient. Si l'on arrive à établir que toute explication mécanique est inadmissible, on pourra, avec une extrême probabilité, affirmer que le psychique intervient dans le fait observé.

Si ma précédente analyse est exacte, je me suis mis en état de définir avec précision l'anthropomorphisme. C'est l'erreur commise par l'homme quand il attribue à un objet quelque chose de sa nature ou de sa condition qui n'a rien de commun avec la nature ou la condition de cet objet.

Tant qu'il n'est pas avéré que les caractères attribués à l'objet sont exclusivement propres à l'homme, cette attribution, si invraisemblable qu'elle puisse paraître, n'est pas *a priori* absurde, elle doit être traitée comme une hypothèse qui n'est pas d'emblée, *ipso facto*, inadmissible, mais qui est à vérifier. Or, quand elle est employée à l'explication d'un fait, il est possible qu'elle l'explique avec une rigueur et une simplicité qui rendent inutile toute autre hypothèse. Par exemple, tel acte d'un chien s'explique parfaitement par une attribution à cet animal d'une certaine dose du psychique humain, et beaucoup plus simplement que par les seuls principes de la mécanique. Mais il peut arriver aussi qu'une seconde hypothèse, également admissible, soit proposée pour rendre compte du fait ; dans ce cas la vraisemblance décide le choix entre les deux hypothèses en attendant que la constance des vérifications, consacrant l'une, la change en réalité, et élimine l'autre.

Tels sont les principes qui vont me guider dans la critique de votre thèse finaliste.

TROISIÈME LETTRE

(15 avril 1899.)

LE DARWINISME ET LES CAUSES FINALES

Vous prétendez qu'il existe dans la nature un *vouloir* d'adapter des formes à des fins préconçues, des organes à des fonctions, et généralement un *effort* vers la vie. Je ne vous accuse pas tout de suite de tomber dans l'anthropomorphisme ; je ne m'en reconnais pas le droit, car je ne vois rien d'absurde en soi, rien d'impossible à ce que le vouloir et la pensée ne soient pas dans l'univers le privilège du règne animal auquel appartient l'homme, et ne soient pas confinés sur une planète que son importance astronomique ne semble pas désigner pour une pareille exception. Mais c'est à vous de démontrer que, en effet, ces deux fonctions psychiques, vouloir et penser, ne ressortissent pas exclusivement aux cerveaux terrestres, que, loin de là, elles ont servi à les organiser eux-mêmes comme à organiser entièrement les corps de tous les vivants sur la terre. La preuve vous en incombe, et jusqu'à ce que vous l'ayez faite, votre thèse pour moi demeure une simple hypothèse admise à la vérification. Remarquez, en effet, qu'en attribuant à la nature *un effort* vers la vie, vous ne prenez pas contre l'imputation d'anthropomorphisme les mêmes garanties que prend le mécanicien, par exemple, en identifiant à la force musculaire la résistance que l'objet extérieur y oppose, car, en éliminant le vouloir de l'effort de cette action complexe, psycho-physiologique, où la force musculaire est impliquée, pour ne considérer que celle-ci, il est sûr que la nature en est identique à celle de la résistance qu'elle rencontre, tandis que vous, en identifiant l'initiative du processus vital à l'effort, c'est-à-dire à toute l'action psycho-physiologique humaine, vous compliquez, au contraire, l'idée de force mécanique, vous y ajoutez celle de volonté et de préméditation, et dès lors votre assertion demeure une simple conjecture, une hypothèse, jusqu'à ce que vous l'ayez vérifiée par l'observation des faits. Si vous n'y réussissez pas, c'est alors seulement qu'on sera en droit de la qualifier d'anthropomorphique[1] et vous serez le premier à la condamner. Au surplus vous reconnaissez vous-même qu'elle est une hypothèse ; vous poussez le scrupule à cet égard jusqu'à la donner pour telle, même en la tenant pour véri-

1. Ce mot ne se trouve pas dans les dictionnaires ; on n'y trouve que *anthropomorphe et antrophomorphisme ;* je l'ai rencontré dans les livres ; je l'emploi parce qu'il m'est indispensable.

fiée, par respect, sans doute, pour l'explication déterministe, hypothétique aussi, que cependant vous mettez en échec ; c'est être bon prince. Vous dites, en effet :

Je suis donc absolument convaincu qu'il n'est pas possible de supprimer la théorie des causes finales de l'anatomie, de la zoologie ou de la physiologie. Le tout est d'en faire un usage modéré ; car, je le reconnais, il s'agit toujours d'une hypothèse, si vraisemblable qu'elle soit. Lorqu'on dit : l'œil a été *construit* pour la vision ; l'iris pour l'accommodation ; la cornée et le cristallin pour la réfraction ; la rétine pour la perception, on fait une hypothèse. En réalité, pour ne faire aucune hypothèse, on devrait dire : l'œil *sert* à la vision, l'iris à l'accommodation. Mais la perfection de l'instrument est si admirable qu'on a bien le droit d'y voir l'affectation à un usage déterminé.

Ce qui, dans l'observation des faits, vous a poussé à les expliquer par cette hypothèse, vous le déclarez dans les dernières lignes de ce paragraphe, c'est l'admiration. Ce sentiment est en soi étranger à la méthode scientifique ; il risque même d'y être contraire par ses affinités avec le mysticisme, mais chez vous il y demeure conforme, parce que, en réalité, vous n'en retenez que l'étonnement. Or le savant est d'autant plus perspicace qu'il voit matière à s'étonner dans certains faits que l'habitude soustrait à l'attention du vulgaire. Rien ne semble plus naturel au commun des hommes que l'adaptation de leurs organes aux fonctions de la vie ; ils n'y songent même pas. Vous en êtes, au contraire, singulièrement frappé ; les sciences qui vous occupent spécialement sont bien propres à y rendre l'esprit attentif. Aussi dites-vous :

Même dans les plus petits mécanismes, cette adaptation est extraordinaire...

La physiologie, comme l'anatomie, nous montre une extraordinaire complexité dans le jeu des parties.

Extraordinaire, c'est-à dire précisément propre à étonner, et même à émerveiller, comme vous le constatez ailleurs :

La machine animale est comme un merveilleux appareil automatique dont toutes les parties ont un usage.

Mais, je ne m'y trompe pas, une telle surprise en vous n'a rien d'anthropomorphique : elle n'a pas pour cause une comparaison humiliante des créations de l'industrie humaine à celles dont la nature est capable ; elle a pour cause le contraste inexpliqué, étrange, que fait, dans l'univers, l'apparition du monde vivant avec le processus éternel et la solidarité infrangible du monde mécanique, où il semble évoluer et se propager par une énergie propre et une autonomie irréductible aux lois de celui-ci. En tant que ces lois constituent l'ordre, une telle apparition est, certes, extraordinaire. En outre, les fonctions vitales requièrent pour leur exercice régulier des organes d'un agencement à la fois si compliqué et si précis qu'on a le droit de s'étonner qu'il ait pu se réaliser et qu'il semble absurde d'en attribuer la réussite à un concours d'heureuses rencontres ; ces organes paraissent non pas fortuitement, mais intentionnellement adaptés aux fonctions vitales. Sans doute, de ce qu'une forme est utile à quelqu'une de ces fonctions, il ne s'ensuit pas nécessairement qu'elle ait dû y être adaptée avec intention, car elle a pu préexister dans le corps vivant avant d'y être utilisée, puis l'avoir été simplement par une convenance fortuite ; mais quand la fonction exigeait que cette forme fût extrêmement compliquée et adaptée avec une précision extrême, l'utilisation accidentelle devient invraisemblable.

En somme, un concours de rencontres favorables à l'adaptation est d'autant plus improbable que la forme doit être à la fois plus composée et plus définie, et devient aléatoire au dernier point, autant dire impossible, quand elle doit l'être éminemment. Telle est votre pensée ; elle ressort de tous les exemples que vous tirez de vos observations de physiologiste et de biologiste. Mais vous paraissez ne reconnaître aucune circonstance où le hasard ait pu réussir à fonder un organisme ; vous ne distinguez point le cas où une forme donnée peut être fortuitement utile de celui où il est invraisemblable qu'elle le soit sans adaptation préconçue. Cette distinction ne vous paraît pas nécessaire, pourquoi? Je n'en vois pas la raison, sinon que toutes les formes organiques sont présentement comprises dans le second cas et que vous supposez implicitement qu'elles ne sont pas réductibles à celles que vise le premier. Je m'étonne dès lors que, vers la fin de votre article, vous fassiez coopérer le transformisme à l'œuvre des causes finales. Les darwinistes, en effet, pensent que toutes les formes organiques d'aujourd'hui procèdent de rudiments primitifs, en très petit nombre, fortuitement utiles, et dont la structure élémentaire a servi d'amorce à des structures compliquées et capables d'une utilité de plus en plus étendue et élevée, qui définit leurs fonctions présentes. Comment cette hypothèse, diamétralement opposée à celle des causes finales, ne vous a-t-elle pas paru inadmissible? C'est que chez vous le savant domine le philosophe, et qu'elle s'est acquis dans la science une telle autorité, qu'elle rend compte de tant de faits à tous les degrés de la vie, que, en dépit de votre foi dans le finalisme, et aux risques d'une contradiction, vous n'avez pu consentir à la sacrifier entièrement et irrémissiblement à ce dernier. Vous l'y avez donc annexée à titre d'auxiliaire, d'auxiliaire très précieux même. Voici ce que vous écrivez à cet égard.

On est d'autant plus autorisé à concevoir cette loi de *la vie, cause finale des êtres*, qu'elle s'accorde admirablement avec l'hypothèse de la sélection naturelle. Au lieu d'admettre l'intervention active d'une puissance suprême qui donne aux êtres des formes excellentes et des fonctions délicates pour leur permettre de vivre, n'est-il pas plus rationnel d'attribuer à la loi de la sélection, avec la survie du plus apte, tout ce que cette Providence pourrait faire? Dans ce cas, la Providence n'est plus une divinité plus ou moins analogue à un roi très puissant; c'est une loi générale, loi féconde et simple, qui a pour conséquence la perfection des organismes et des fonctions. La lutte pour la vie produit tout ce qu'un très sage Créateur aurait pu produire. (Qui sait même si ce n'est pas par ce mécanisme qu'un Créateur aurait agi?) Elle transforme, rectifie, atrophie, développe. Finalement elle aboutit à des êtres de plus en plus parfaits, de plus en plus adaptés à la vie. De sorte que la finalité de leurs fonctions et de leurs organes devient très facile à comprendre. La matière vivante disséminée à la surface terrestre prend des formes diverses, toujours renaissantes. Elle est en un état de perpétuel devenir. Et cette transformation est une tendance au progrès dans le sens de la vie.

Il y a par conséquent absolue nécessité à émettre cette double proposition : d'abord que les êtres tendent à vivre, et ensuite qu'ils sont organisés pour vivre, et bien organisés. On ne comprendrait pas qu'il y eût des êtres mal organisés; car ils disparaîtraient aussitôt.

D'après la citation précédente la vie aurait donc été préconçue et voulue par un principe inconnu x, facteur d'ordre métaphysique, qu'à ce titre vous êtes dispensé de définir, lequel ferait effort vers une fin, à savoir l'organisation de la vie, que, d'ailleurs, il ne se chargerait pas de réaliser lui-même. Ce soin serait confié à d'aûtres facteurs, ceux-là définissables, à savoir tous les agents mis en lumière par Darwin, concurrence vitale, sélection, hérédité, etc. Les combinaisons accidentelles et les diverses proportions de ces médiateurs plastiques expliqueraient parfaitement la prodigieuse diversité des formes organiques répondant à l'unique effort initial vers la vie.

Ainsi vous pensez, par une heureuse alliance de la théorie de Darwin avec celle des causes finales, prévenir la tentation d'imaginer *x*, le soustraire aux fictions de l'anthropomorphisme, au mystique penchant qui porte l'esprit humain à en faire une providence personnelle, analogue à un roi. Je crains que vous n'ayez entrepris une tâche impossible, que l'accouplement du darwinisme à la doctrine finaliste ne répugne invinciblement au premier sans servir votre dessein.

En effet, le facteur *x* implique prévision et volonté, deux choses incompatibles avec le principe du Darwinisme, et qu'il n'est pas donné à l'homme de se représenter autrement qu'à l'image de sa propre personne morale. Aussi pour que toute immixtion hostile à ce principe et tout accès à l'anthropomorphisme fussent éliminés de l'organisation de la vie, faudrait-il que rien du facteur *x* ne passât dans la donnée matérielle livrée à l'action des autres facteurs ; mais alors ceux-ci, en réalité, demeureraient les seuls facteurs de la vie, et, loin de n'être que des auxiliaires de la finalité, ils s'y substitueraient intégralement, ce qui serait contraire à votre pensée. Il vous faut donc reconnaître que l'effort initial se communique, si peu que ce soit, à cette donnée matérielle. Le facteur x concourt donc à l'action des facteurs auxiliaires ; il la fait participer d'un mouvement dont elle peut modifier la direction et l'intensité, mais non la composante d'ordre psychique, laquelle intervient donc pour une part fondamentale dans l'organisation de la vie. Ainsi l'annexion du darwinisme à la théorie des causes finales le corromprait dans son principe sans préserver celle-ci du parasite anthropomorphique.

Vous devez donc renoncer à conjurer par ce moyen toute compromission de cette théorie avec le mysticisme. Au surplus, vous n'êtes pas responsable des écarts de ce dernier. Il devrait suffire, pour rassurer votre conscience de savant, que la théorie des causes finales n'entraînât pas nécessairement un concept anthropomorphique. Sans doute notre conscience, essentiellement individuelle, ne nous permet de nous représenter l'intelligence, la volonté, le psychique en général, que sous la forme individuelle; mais il ne s'ensuit pas infailliblement qu'il ne puisse exister dans l'univers que sous cette forme. C'est faire de la métaphysique, à mon avis, que d'agiter la question de la personnalité et de l'impersonnalité dans la nature ; vous étiez en droit de la laisser entière et de passer outre.

Les darwinistes, ne la soulevant pas, ne connaissent pas vos scrupules. Ils revendiquent toute l'explication du travail et du développement organiques, dont vous ne leur concédez qu'une partie, et ils se font fort de ne susciter aucune question métaphysique. C'est à examiner ; quoi qu'il en soit, ils ne s'accommodent nullement du rôle subalterne que vous attribuez à leur doctrine, si important que vous le fassiez.

Pour vous convaincre qu'elle suffit parfaitement à expliquer l'origine, la diversité et la complexité des formes organiques, ils vous inviteront à considérer de plus près l'immense puissance de complication et de transformation dont dispose la moindre activité constante opérant pendant une immense durée dans un milieu susceptible d'une infinité d'accidents qui offrent des chances nombreuses de rencontres favorables. Ils vous feront remarquer que ces chances sont épiées par la concurrence vitale et utilisées par la sélection naturelle pour des perfectionnements organiques imperceptibles, mais continus, dont l'hérédité conserve la somme et la transmet à des individus qui, à leur tour, la lèguent accrue, et, en multipliant, augmentent de plus en plus le nombre des occasions propices à la formation de l'espèce.

Ainsi la théorie du transformisme et celle des causes finales résistent à la tentative de rapprocher et de faire coïncider leurs points de vue respectifs, et même à la vôtre de subordonner seulement l'un à l'autre.

Vous n'échapperez donc pas à la contradiction des darwinistes, qui sont des déterministes. Ils repousseront votre offre de conciliation, car ils sentent que votre doctrine et la leur s'excluent l'une l'autre et ils ne manquent pas d'arguments contre la première. S'ils s'interdisent de vous rechercher sur la véritable nature du facteur x, dont le psychique humain peut n'être qu'une image fort éloignée et que, du reste, vous n'avez pas à définir, ils contesteront, du moins, la perfection que vous accordez à ses ouvrages. Ils vous objecteront que d'éminents physiologistes la leur refusent. Comme vous insistez particulièrement sur l'adaptation de l'œil à la vision, ils vous rappelleront le passage suivant d'une conférence, déjà ancienne, d'Helmholtz, où sont caractérisées d'une manière saisissante les imperfections de cet organe. *En présence d'un opticien qui voudrait me livrer un instrument entaché de pareils défauts, je me sentirais parfaitement autorisé à refuser son ouvrage, et à accompagner mon refus des expressions les plus dures.* Le traducteur en français de *l'Optique physiologique* d'Helmholtz, mon ami le docteur Émile Javal, de qui je tiens ce passage et dont la compétence en pareille matière est de premier ordre, tout en faisant certaines réserves sur la sévérité de ce jugement, a écrit, vingt-trois ans plus tard, à propos de l'astigmatisme de l'œil normal : « Il y a une imperfection de plus à mettre à la suite de celles que M. Helmholtz a énumérées dans la célèbre boutade de la conférence qu'il a faite à Heidelberg en 1868...[1]. » Les progrès de la science n'ont donc pas infirmé le témoignage du grand savant.

Les darwinistes, pour qui la confection de l'œil est la somme d'adaptations innombrables, extrêmement lentes, dont chacune fut à peine sensible d'une génération à la suivante, ne sont point embarrassés pour expliquer des défauts inhérents aux conditions d'un pareil labeur, auquel le hasard seul a fourni l'atelier et l'outillage. Les organes relativement simples, tels que ceux du toucher, de la marche et de la préhension, ont dû s'être beaucoup plus vite et plus exactement appropriés à leurs fonctions que les organes de l'ouïe et de la vue, beaucoup plus complexes et plus délicats ; mais l'adaptation de ceux-ci, bien que, même encore aujourd'hui, moins irréprochable que celle de ceux-là, est toutefois plus étonnante par les résultats obtenus. Vous en êtes à bon droit émerveillé; cependant, si surprenante qu'elle soit, puisque votre finalisme, en mettant à

1. L'ophtalmométrie clinique, 1891.

contribution le darwinisme, admet qu'elle s'opère, en grande partie, à tâtons, il vous était permis de ne pas admirer sans réserve l'adaptation de l'œil à la vision, d'y reconnaître plus d'un défaut.

Je vous signalerai un autre argument qui plaide, au moins en apparence, en faveur de la doctrine transformiste contre celle des causes finales. « Nous répudions celle-ci, vous diront vos adversaires, nous n'acceptons aucune alliance avec elle; elle doit ou expliquer seule la diversité des espèces, ou nous céder la place. Or cette diversité est si prodigieuse, elle offre des formes si variées d'un même organe, des types si bizarres et, au point de vue esthétique, si laids ou si beaux, d'une ornementation souvent si compliquée et si délicate, que, en les supposant créés par une cause psychique, on est mis en demeure d'attribuer à cette cause une sorte d'ingéniosité fantasque, analogue à celle d'un Gustave Doré qui s'amuse ou d'un Vaucanson qui se récrée. Rien, à coup sûr, n'est moins scientifique, moins conforme aux exigences ou aux postulats de la raison, que d'admettre pour suprême effort d'une volonté consciente et créatrice dans l'univers la formation de ce monde vivant dont le luxe et la variété ne semblent pas autrement justifiés que les jeux inépuisables et les caprices de l'imagination humaine. Vous ne sauriez, ajouteront-ils, sous prétexte que le facteur x est métaphysique et situé hors des prises de votre intelligence, vous interdire de remarquer l'analogie des créations de ce facteur avec celles de l'activité humaine. Quant à nous, ne prêtant à la Nature aucune conduite qui ait le moindre rapport, même le plus lointain, avec la conduite de l'homme, nous supprimons chez celui-ci tout titre comme tout intérêt à justifier ce qu'elle fait. La diversité très grande des formes organiques, nécessairement déterminée, selon nous, par la rencontre d'une infinité d'accidents, échappe à l'interprétation esthétique et morale à laquelle votre hypothèse l'expose. »

Il se pourrait que cette objection, valable contre vous, péchât par la base aux yeux de ceux qui, comme moi, ne se sont encore prononcés pour aucune des deux doctrines et ne les admettront peut-être ni l'une ni l'autre intégralement.

Quelle que soit, au surplus, la valeur des précédentes objections, il en est une fondamentale que les darwinistes pourraient faire à votre hypothèse finaliste. Pour la commodité du discours, j'appellerai P le psychique, à la fois pensant et voulant, impliqué dans cette hypothèse. Un organisme à réaliser est un système de rapports entre des éléments matériels (atomes, molécules), rapports de positions qui constituent la forme organique, et rapports de mouvements qui constituent la fonction. Le fonds où P puise les termes de tous ces divers rapports lui est actuellement donné, car ces termes sont les masses des atomes et des molécules, dont la somme ne varie pas, et leurs propriétés physico-chimiques, qu'on peut considérer comme procédant d'une somme constante d'énergie pendant l'évolution terrestre; mais ces rapports, leur système, en un mot l'organisme n'existe pas encore, et comme il est l'objet de l'idée préconçue par P, il s'ensuit que cette idée préexiste à son objet. Celui-ci n'étant pas actuellement donné par l'univers, il faut donc que P se le donne à lui-même, le donne à sa propre pensée. Il faut donc qu'il se représente, parmi tous les rapports possibles de positions et de mouvements entre les éléments matériels, les rapports qui constituent l'organisme futur. Or cette représentation, produit de l'activité mentale de P, ou bien est nécessaire, c'est-à-dire soumise au déterminisme, ou bien ne l'est pas. D'une part, si elle l'est, un déterminisme psychique, d'où résulte l'adaptation de l'idée d'une forme à l'idée d'une fonction, ne doit-il pas vous paraître tout aussi invraisemblable que vous paraît l'être le déterminisme physico-chimique, purement mécanique, d'où, selon les darwinistes, résulte l'adaptation d'une forme à une fonction dans la réalité? D'autre part, si la susdite représentation n'est pas soumise au déterminisme, c'est donc qu'elle est arbitraire, et dès lors elle n'est pas objet de science positive et, en tant que savant, vous n'avez pas à vous en occuper, pas plus que, si vous admettez le libre arbitre dans les actions humaines, vous ne cherchez une explication scientifique de leur conditionnement dans le temps et l'espace.

Ainsi, concluront les darwinistes, dans l'un et l'autre cas du dilemme, l'hypothèse des causes finales est non avenue ; elle n'est admissible ni dans l'une ni dans l'autre. Elle est donc absolument inadmissible, soit comme impuissante à conjurer l'invraisemblance, soit comme antiscientifique.

QUATRIÈME LETTRE

(20 mai 1899.)

MÉTHODE EXPÉRIMENTALE ET CAUSES FINALES

La critique exempte de prévention que j'ai faite de votre article avant que mon opinion fût arrêtée sur la valeur et la portée scientifiques du concept des causes finales, m'a peut-être préparé à formuler sur ce point un jugement qui sera la conclusion de cette étude.

Il s'agit de fixer la position qu'il convient aux savants de prendre dans la question des causes finales. Il faut pour cela examiner, d'une part, si le concept de pareilles causes est du domaine de la science positive, c'est-à-dire s'il est susceptible d'être fourni et vérifié par l'application de la méthode scientifique, et, d'autre part, dans le cas où il n'en relèverait pas, s'il est néanmoins d'un usage compatible avec la rigueur de cette méthode, en ce sens qu'il pourrait, sans en compromettre la sûreté, être utilisé comme simple instrument de recherche, comme un échafaudage sert à la construction d'un édifice sans y être incorporé.

En me plaçant à ce double point de vue, j'espère répondre à vos préoccupations, car, bien que vous croyiez à la finalité organique, dans vos conclusions, par scrupule scientifique vous ne demandez pas à vos confrères de la reconnaître, mais de l'admettre du moins subsidiairement, à titre de concept auxiliaire faisant fonction d'hypothèse en attendant qu'il en obtienne la qualité, puisque, aussi bien, dans le monde vivant, les choses, à première vue, se passent comme s'il y avait finalité. Enfin cet examen demeurera sur le ferme terrain que vous avez à cœur de ne pas déserter, car il ne comportera aucune considération métaphysique.

Il m'oblige à caractériser tout d'abord la méthode des sciences positives, le mode d'investigation inauguré par Bacon. Je le ferai aussi brièvement que possible.

Interroger est la démarche initiale, instinctive de l'esprit humain. Avant même d'avoir arrêté son attention sur aucun objet du monde ambiant, il s'ouvre pour connaître. La question qu'il pose alors est la plus générale possible : *Qu'existe-t-il ?* Puis les impressions du dehors sur les sens commencent à la circonscrire en forçant l'attention. Être attentif à une perception sensible, c'est déjà en interroger le contenu. C'est poser une autre question primordiale :

Qu'est-ce ? Puis deux autres surgissent encore, fondamentales et spontanées aussi, qu'il importe d'analyser.

L'homme éprouva tout de suite le besoin de comprendre ce qui l'entourait, d'abord pour soumettre à sa possession les choses nécessaires à sa subsistance (savoir, c'est pouvoir, a dit Bacon), puis uniquement pour comprendre, pour s'expliquer ce qu'il percevait, pour satisfaire en lui le besoin spécialement propre à l'intelligence, en un mot *la curiosité*. Or expliquer une chose, ç'a été tout d'abord fournir une double raison de son existence, c'a été répondre à deux questions : *Comment se fait-il qu'elle existe ? Pourquoi, à quelle fin existe-t-elle ?* La science positive, par ses progrès, tend à éliminer la dernière. A mesure que, dans le département de l'Univers qu'elle étudie, elle découvre un conditionnement plus intégral, plus général et plus infaillible des faits de son ressort les uns par les autres, il lui semble irrationnel et inutile à la fois d'imposer précipitamment à certains d'entre eux une intention pour antécédent, aussi longtemps qu'il y a chance que d'autres antécédents d'ordre mécanique suffisent à les déterminer. Mais, au début et jusqu'à Bacon, ces deux questions se sont posées d'elles-mêmes, spontanément, à l'esprit humain. Elles sont, en effet, contemporaines de la faim dans l'histoire de la pensée, car l'homme s'est, avant tout, demandé *comment* il se procurerait de la nourriture et n'a agi que *pour* se la procurer. La seconde seule, quand elle a été généralisée et posée au monde extérieur, est devenue suspecte d'anthropomorphisme abusif. Quant au concept de la nécessité métaphysique, de l'être existant par soi, en soi et pour soi, *sans le secours d'aucune autre chose*, comme dit Spinoza, ce concept qui supprime la question du comment et du pourquoi, du moyen et de la fin touchant l'existence de son objet, bien qu'antérieur à la doctrine du déterminisme précisée par Claude Bernard, est moralement plus éloigné encore que celle-ci d'avoir pu éclore dans le cerveau de l'homme primitif. Il suppose le loisir conquis et la sécurité ; auparavant la Nature marâtre n'avait donné à l'homme ni le temps ni l'occasion d'y songer.

Je viens d'indiquer très succinctement l'origine de la curiosité. Or, quand on approfondit le bienfait intellectuel de la réforme introduite par Bacon dans les procédés de recherche, on reconnaît que cette réforme procure à l'esprit le moyen et lui fait contracter l'habitude de ne poser à la Nature que des questions légitimes, je veux dire des questions pertinentes, toujours appropriées à l'objet interrogé, dictées par la définition même de celui-ci ; qu'ainsi elle prévient les explications précipitées en forçant l'esprit à constater avant d'imaginer, et conjure l'anthropomorphisme abusif, à la fois naïf et extravagant : deux causes d'erreur qui viciaient les spéculations antérieures. En un mot, Bacon a discipliné la curiosité humaine.

Il y a réussi au moyen d'une règle fondamentale et très simple dont l'application devait suffire par ses conséquences à la conquête de vérités extrêmement impliquées. Cette règle consiste à être, avant tout, attentif aux données des sens (disons aussi de la conscience à titre de *sens intime*, comme on l'a nommée) ; elle consiste à inventorier ces données empiriques avant de spéculer. C'est toujours faute d'avoir suffisamment observé et expérimenté que l'esprit manque de garde-fou, de barrière aux explications anthromorphiques abusives, et aux conclusions précipitées. A cet égard, depuis Bacon, le savant est en possession de ne plus s'égarer ; il tient le fil d'Ariane qui, à travers la diversité et la complexité des perceptions particulières, le conduit sûrement par l'expérience et l'induction à la découverte des caractères dissimulés qui leur sont communs et, à ce titre, constituent le *genre*, lequel prend le nom de *loi*, quand la généralisation d'un caractère s'opère sur des événements au lieu de s'opérer sur des formes. Le savant est mis par là en état de définir les choses exactement, c'est-à-dire par le véritable genre prochain et la véritable différence. Résultat capital qu'Aristote avait préparé par son analyse de la définition, mais qu'il n'eût assuré que s'il en eût prévu toute la portée, combien l'expérience est indispensable pour préciser le genre prochain et la différence. Bacon a donc rendu pratiquement possible la définition exacte instituée théoriquement par son précurseur.

Or questionner un objet, c'est tendre à le définir, car toute interrogation dans son prédicat présume un genre où elle classe, à tort ou à raison, l'objet interrogé et où elle demande une réponse qui le spécifie par une différence. Il s'ensuit que la définition exacte d'une chose prescrit les seules questions qui puissent être pertinemment posées à l'égard de cette chose considérée soit en elle-même, soit dans ses relations avec son milieu, et conditionne les réponses à ces questions.

J'ai tâché de mettre en évidence le lien qui existe entre le principe essentiel de la méthode de Bacon et cette discipline de la curiosité qui en est le fruit le plus précieux. Quelques exemples typiques des aberrations qu'entraîne l'ignorance ou la méconnaissance de ce lien en feront ressortir l'importance. L'enfant ne battrait pas l'objet inanimé qui, en tombant, l'a heurté, s'il n'en assimilait pas l'essence à la sienne ; c'est faute d'en avoir pu observer et expérimenter les qualités propres que se pose pour lui la question de malveillance de la part de cet objet. L'adulte enclin au mysticisme, pour expliquer l'existence et l'ordonnance du monde, ne prêterait pas à une cause extérieure et supérieure au monde même une personnalité et une moralité comparables à celles de l'homme, s'il était attentif à l'économie des règnes vivants, telle que la révèle l'expérience. Il remarquerait vite que la question de bonté et de justice n'y est pas de mise ; que la conservation des espèces, condamnées à se nourrir les unes des autres dans une lutte impitoyable, est régie par la loi du plus fort, balancée par celle du plus prolifique ; le monde terrestre lui apparaîtrait, non comme l'œuvre complaisante d'une Providence paternelle, mais bien comme un champ de bataille et de carnage, qui n'est, d'ailleurs, l'œuvre d'aucune puissance méchante. L'astrologue, autrefois, demandait aux mouvements sidéraux le pronostic des événements humains ; la question d'un rapport entre ces deux sphères d'activité ne se fût pas posée pour lui, s'il eût observé et expérimenté au préalable l'essence intime de l'homme et les relations de la vie humaine avec le milieu cosmique où elle évolue. L'alchimiste à la recherche de la pierre philosophale, de la transmutation des métaux, ne l'eût pas demandée à la Nature, il eût renoncé à ses stériles tentatives, s'il eût reconnu qu'elles étaient au moins prématurées ; mais pour le reconnaître il eût fallu qu'il les subordonnât au progrès patient de l'analyse et de la synthèse chimiques. Cette transmutation semble, en effet, possible seulement s'il est constaté que les métaux ne sont pas des corps simples, et qu'il n'existe dans la composition d'aucun d'eux aucun élément qui n'existe également dans celle des autres, et si, en outre, le chimiste, après avoir réussi à isoler tous leurs éléments constitutifs, découvre des procédés pour les synthétiser à son gré et en constituer un métal quelconque. Avant que de telles conditions fussent reconnues et rendues réalisables, combien d'expériences seraient, encore aujourd'hui, nécessaires, dont l'alchimiste n'avait rencontré, par hasard, qu'un nombre infime !

Maintenant, le savant n'est plus exposé à des aberrations de ce genre. Fidèle à la méthode de Bacon, il commence par résoudre la première question fondamentale avant de s'occuper des autres : il examine de son mieux la chose qu'il étudie, afin de cataloguer le plus complètement possible les propriétés de cette chose, c'est-à-dire ses communications spéciales avec les sens, sa façon particulière de les impressionner, puis avec les autres choses qui l'entourent, en un mot ses diverses relations avec son milieu. De ces relations les unes sont faciles à constater par l'observation directe des phénomènes qui en sont les termes, les autres y sont impliquées, et seule l'expérimentation réfléchie les en dégage. Les premières sont des propriétés qui suffisent au simple signalement des choses, les secondes sont des propriétés qui en achèvent la description. Mais décrire n'est pas définir, c'est s'y préparer seulement, il faut en expérimentant pousser plus avant l'investigation pour découvrir les genres et les différences essentielles. Expérimenter c'est créer le milieu, c'est-à-dire les conditions qui déterminent les phénomènes révélateurs, non pas seulement des propriétés, mais aussi des caractères communs à diverses relations particulières, ce qu'elles impliquent de constant et de général, ce qu'on nomme leur *loi*.

Or remarquez que jamais le savant ne pourrait formuler une seule loi, annoncer un seul événement, s'il n'était assuré qu'immanquablement, le même antécédent immédiat étant donné, le même phénomène se reproduira, s'il n'avait la certitude que les mêmes conditions ne peuvent indifféremment déterminer tel ou tel phénomène. Cette certitude est la négation du libre arbitre dans le conditionnement du processus objet de la science, car il n'y a pas liberté de l'agent s'il ne dépend pas uniquement de lui-même, s'il n'est pas seul à conditionner son acte à l'exclusion de toute autre variable. Ainsi le moindre arbitraire introduit dans la relation de l'antécédent immédiat et du phénomène abolirait la loi, et le fondement de la science en serait du coup ruiné, sa fonction supprimée. La science, en effet, ne consiste pas dans un simple enregistrement des phénomènes ; elle est la découverte des relations constantes qui en prescrivent la production et en rendent la prévision possible, ou, comme en géologie, en expliquent le processus passé. Cette constance infaillible de la relation qui lie le phénomène à l'antécédent immédiat constitue le caractère essentiel du déterminisme. Quant à la nature de ce lien, c'est-à-dire de ce qu'il y a de commun entre ce qui modifie et ce qui est modifié, pour établir la relation entre ces deux termes, elle est métaphysique. Le savant, en réalité, ne constate que leur interdépendance ; leur communication est si rebelle à l'intelligence humaine qu'elle a pu paraître impossible au génie de Leibnitz. Il y a substitué l'harmonie préétablie entre eux, hypothèse qui, à vrai dire, n'est guère plus intelligible.

Des considérations précédentes il résulte que tout phénomène regardé comme procédant du libre arbitre, c'est-à-dire comme n'étant pas lié invariablement à sa cause, est par là même, aux yeux des savants, mis hors la loi, exclu du domaine de la science positive. Un savant, en effet, qui admettrait le libre arbitre dans la sphère de ses recherches, qui l'insérerait comme anneau dans la chaîne des événements dont il poursuit la loi, en romprait la loi même : il introduirait dans les données du problème qu'il s'imposerait de résoudre une variable indépendante dont dépendrait l'inconnue et rendrait ainsi la solution indéterminée.

La science positive n'a pas pour unique objet le monde extérieur à l'esprit, elle peut se donner pour objet l'esprit même, ou plus généralement, tout le monde des phénomènes intérieurs, tout le psychique. Elle le peut sans faillir à sa méthode, grâce à l'aptitude que possède l'homme à réfléchir sur ses propres modifications psychiques, grâce à l'expérience interne par la conscience qui remplit à cet égard la fonction de sens. La psychologie est par là une science positive dont les relations étroites avec la physiologie constituent l'introduction et sont aujourd'hui spécialement étudiées.

Ce qui distingue essentiellement l'expérience interne de l'externe, c'est que la conscience, outre qu'elle observe ce qui se passe en nous, nous met en communication immédiate, sinon intime, avec le principe, quel qu'il puisse être, de notre activité, soit purement psychique, soit psycho-physique (dans l'effort musculaire), en un mot avec le substratum des phénomènes internes ; non qu'elle en pénètre la nature, mais elle en constate l'existence, ce qui suffit à l'ambition de la science positive. Ainsi l'homme se sent agir et se reconnaît le moteur de l'action. C'est ce qui lui permet d'induire par analogie l'explication des déplacements dans le monde extérieur. Le savant, en effet, ne s'en tient pas à considérer la cause déterminante comme un rapport constant de succession immédiate entre deux phénomènes, constatation tout empirique ; il outrepasse les limites du champ de l'expérience directe, et, par cette induction, fondée sur l'analogie, il considère le premier phénomène comme la manifestation d'un principe actif dont l'idée lui est fournie par l'énergie musculaire.

Ce principe est dès lors un antécédent non pas seulement immédiat et constant, mais encore *efficient* du second ; il en est, en un mot, *la cause efficiente*, et la loi n'est que le mode d'action constant, infaillible de celle-ci. A ce point de vue, adopté par la science positive, tout phénomène est l'effet d'une certaine cause efficiente qu'il s'agit de dégager de tous les autres phénomènes où il est impliqué. Mais une pareille induction est périlleuse par l'abus possible de l'analogie élastique dont elle procède ; elle requiert un attentif discernement, pour ne pas excéder les limites de la méthode et de la matière proprement scientifiques. Tant qu'il demeure dans le domaine physico-chimique, autrement dit mécanique, je vous ai rappelé, par l'exemple d'Archimède, que cette induction est tout à fait légitime. A bon droit aucun savant ne croit faire de la métaphysique en admettant l'existence de forces, de mobiles, de points d'appui et de points d'application, ou plus généralement, de *masse* et d'*énergie*. Jusque-là le terrain de l'induction est ferme et sûr, car l'analyse de l'effort en fournit les éléments, abstraction faite de l'élément psychique. Les fondrières commencent avec la psycho-physiologie, avec l'extension contestable des idées de vouloir et de rapport entre le vouloir prémédité et la direction des mouvements (idées que puise l'homme dans la conscience de sa propre activité), avec l'extension, dis-je, de ces idées à l'activité potentielle d'où procèdent les formes organiques. L'erreur est alors facile et imminente ; les savants s'en méfient.

Ils ont leurs raisons pour cela, car ils mettent en suspicion même les témoignages empiriques qui fournissent les notions en physique et en psychologie. L'expérience, en effet, bien qu'elle soit à leurs yeux le seul fondement inébranlable de la connaissance, n'est pas à l'abri de l'illusion : elle est exposée à des méprises contre lesquelles ils se tiennent en garde. J'en citerai deux exemples. Dans l'ordre psycho-physiologique, si l'on palpe une bille avec deux doigts croisés, on perçoit deux billes. Il faut pour rectifier cette erreur que la réflexion intervienne pour critiquer les conditions de l'expérience, ou qu'un autre sens, celui de la vue, constate, sous une autre forme, la présence du même objet et le certifie unique. Dans l'ordre purement psychique, l'homme a la conscience qu'il est libre, qu'il peut, au même moment et toutes choses égales d'ailleurs, faire ou ne pas faire telle action ou en faire une autre. Ce témoignage est à la fois irrationnel et invincible, en ce sens qu'on le démontre faux sans néanmoins pouvoir s'empêcher d'y ajouter foi. Spinoza a donné une explication profonde et plausible de l'illusion qui, selon lui, l'infirme ; d'autre part le savant déterministe a le plus grand intérêt à l'invalider aussi et peut prétendre que personne n'est fondé à réclamer pour l'expérience interne le privilège de l'infaillibilité refusé à l'expérience externe. La question est pendante ; or il suffit qu'il ne soit pas absurde de la poser pour que l'illusion soit possible et le témoignage intime suspect. J'ai choisi ce second exemple à dessein parce que le libre arbitre est engagé, comme je l'ai déjà indiqué, dans les causes finales.

Je voudrais abréger ce préambule malgré moi trop long ; il m'est difficile de le restreindre, parce que tout s'y tient logiquement, qu'il est destiné à prévenir les malentendus qui d'habitude embrouillent les controverses sur cette matière abstruse *envisagée au point de vue de la science positive*, qu'enfin il nous fournira, je l'espère, la position correcte du problème, s'il n'en implique la solution.

J'ai mis en relief le caractère essentiel de la méthode de Bacon et les procédés d'investigation qui s'ensuivent et l'ont constituée telle qu'elle existe aujourd'hui, achevée et précisée par un long usage. Cette analyse sommaire de la méthode expérimentale va, si elle est exacte, me permettre de spécifier en quoi consiste cette science dite positive et de reconnaître, par suite, si une question quelconque, et spécialement celle des causes finales, en relève ; si un *savant*, mot qui, dans sa plus stricte et plus usuelle acception s'applique au penseur voué à cette sorte de science, est autorisé à s'occuper de pareilles causes.

La science est qualifiée positive quand elle soumet la recherche aux règles de la méthode expérimentale, quand toutes les opérations logiques se fondent uniquement sur les données empiriques fournies par les sens et la conscience. Elle s'interdit ainsi l'analyse de l'être métaphysique ; elle n'en nie pas l'existence, car le raisonnement conduit à l'admettre[1], mais la pénétration en est impossible à l'expérience. Les sens et la conscience, en effet, ne nous révèlent du monde extérieur et du for intérieur que des états qui ne sont pas nécessairement durables[2], des variations et des rapports, jamais ce

1. L'expérience constate l'apparition et la disparition de tel ou tel phénomène. Si l'Univers entier était phénoménal, il se concevrait comme pouvant sans absurdité disparaître, s'anéantir. Or le néant absolu ne se conçoit pas plus comme pouvant succéder à l'Univers que comme ayant pu le précéder. Il est donc absurde de supposer qu'il n'existe rien de nécessaire dans l'Univers. Tel est le fondement rationnel de l'objet métaphysique, de l'être en soi et par soi. On peut de sa nécessité déduire logiquement qu'il est éternel, infini et absolu. Mais le substratum de ces qualités échappe à la pénétration de la connaissance humaine.

2. Lavoisier par la balance a démontré que dans les corps la masse n'est pas affectée par les combinaisons, que, différemment répartie, elle demeure constante. Mais la constance

qui ne peut pas s'anéantir de l'un ni de l'autre, ce que les métaphysiciens nomment la *substance* et *l'essence* des choses. Les propriétés des corps, telles que les définissent les physiciens et les chimistes, n'en sont pas l'essence métaphysique, la nature intime, puisqu'elles sont seulement les relations constantes prescrites par celle-ci entre les corps et leur milieu. L'expérience n'atteint pas davantage dans leur intimité les principes d'où procède le mouvement dans l'Univers, ni ceux qui font l'unité synthétique des corps bruts composés et l'unité individuelle, personnelle des corps vivants, leur évolution organique et psychique, principes divers nommés par les savants matière, forces, esprit ou, plus généralement, masse et modes de l'énergie. L'homme en effet, quand il prend conscience de sa propre activité, soit psychique, soit musculaire, n'en aperçoit que l'existence et les actes, à plus forte raison ne connaît-il pas ce que sont en eux-mêmes les principes extérieurs, qu'il y assimile seulement.

Ainsi la science positive reçoit ses données de sa méthode même, fondée sur les moyens les plus sûrs, mais restreints, dont dispose la pensée pour commu-

n'est pas la nécessité : l'une se conçoit pouvant prendre fin, non l'autre. Le savant qui dans les corps identifierait la constance de la masse à la nécessité, ferait de la métaphysique (je ne dis pas qu'il se tromperait).

niquer avec l'inconnu ; son champ d'exploitation lui est donc mesuré, il est circonscrit. Limitée dans ses matériaux, elle l'est par là-même dans son édifice ; à supposer qu'elle l'eût achevé, le sol sur lequel il repose lui demeurerait encore étranger. Parlons sans images : ce que, sagement, dans l'intérêt même de la certitude, sa méthode lui interdit d'interroger, ce qui est inaccessible à l'expérience et qu'elle laisse hors de son domaine, cela même n'importe-t-il en rien à l'explication qu'elle poursuit, au *comment* des phénomènes, et est-elle en droit d'affirmer qu'ils soient tous intégralement explicables les uns par les autres, qu'elle puisse expliquer entièrement le monde phénoménal sans en sortir ? Cette question ne semble pas préoccuper tous les savants et pourra paraître oiseuse ou indiscrète à la plupart d'entre eux, surtout aux déterministes mécaniciens à outrance. Si pourtant le monde phénoménal tient son existence d'autre chose que de lui-même (quelque nom qu'on donne à cette chose), il n'est à coup sûr pas entièrement explicable sans l'introduction de ce facteur inconnu dans l'expression de sa cause. La plus haute ambition que puisse concevoir la science est de l'expliquer tout entier par une loi unique exprimant la constante efficience d'une cause unique, efficience d'ordre purement mécanique. Cette loi, algébriquement formulée, serait applicable à toutes les données empiriques et pourrait servir à déterminer toutes leurs relations ramenées à la plus générale qui les impliquerait toutes, telle que la gravitation, par exemple, s'exerçant entre les extrêmes particules de la matière. Mais cette loi, dûment constatée, n'en demeurerait pas moins elle-même inexpliquée, car elle aurait sa raison dans l'être métaphysique, substratum des phénomènes qu'elle régit. On ne saurait pas comment il se fait que tous les atomes gravitent les uns vers les autres en raison directe de leurs masses et en raison inverse du carré de leurs distances, plutôt que selon d'autres proportions. En outre, on ignorerait encore comment il se fait qu'il a existé telles données initiales plutôt que telles autres, en tel nombre plutôt qu'en tel autre ; car la raison de la différenciation originelle échappe totalement à l'intelligence humaine. Ainsi, dans cette hypothèse, la plus favorable à la science positive, le monde qu'elle s'est donné pour objet ne serait encore que relativement, non absolument expliqué. En d'autres termes l'explication en serait *incomplète, bien qu'irréprochablement déduite des données empiriques.*

CINQUIÈME LETTRE

(12 août 1899.)

CRITIQUE DU CONCEPT FINALISTE ET DE SES APPLICATIONS A LA SCIENCE

Quand on analyse l'hypothèse des causes finales, qui semble indispensable à ses partisans pour expliquer l'organisation de la vie sur la terre, on constate qu'elle est composée sur le patron de l'activité volontaire de l'homme, d'après le type de la pensée et de la force humaines opérant de concert dans l'adaptation d'un acte à un but ou d'une forme à un usage. Mais j'ai précédemment fait observer que tout anthropomorphisme n'est pas illégitime, abusif; il faudrait donc avoir prouvé que celui-ci l'est pour pouvoir en tirer une objection recevable à l'hypothèse des causes finales. Or il ne serait abusif que si cette hypothèse était fausse, il y aurait donc pétition de principe à le lui objecter pour prouver qu'elle l'est.

Cette fin de non-recevoir préjudicielle écartée, on ne peut se prononcer sur ce que vaut le concept cosmogonique de la finalité qu'après l'avoir analysé. Il est beaucoup plus complexe qu'il ne semble à première vue; on s'en aperçoit quand on recense tout ce dont il doit être composé pour répondre à son objet. Voici les facteurs essentiels qu'on y trouve alors :

1° Un double facteur d'ordre purement intellectuel analogue, sinon identique, à l'activité mentale de l'homme, à savoir : d'une part, une représentation anticipée, une idée préconçue d'un événement A quelconque à réaliser dont le substratum préexiste de toute éternité et dont le conditionnement préexiste aussi d'ores et déjà, mais à l'état virtuel, je veux dire comme pratiquement possible grâce au concours des agents d'ordre mécanique et des lois cosmiques dont l'expérience a découvert et constamment vérifié quelques-unes ; d'autre part, une pensée organisatrice à la fois intuitive et déductive, capable de discerner dans les données cosmiques présentes et de combiner les moyens qu'elles offrent de préparer A et de le déterminer à l'existence ;

2° Un facteur de nature mixte et d'ordre pratique, analogue à la volonté humaine. Il est requis pour effectuer la transition métaphysique de l'idée à l'acte et pour conformer le second à la première. Associé à l'idée préconçue de A, ce facteur en demeure le dépositaire et le mandataire jusqu'à ce que A soit réalisé : il inaugure, régit et assure cette réalisation. Dans le cas spécial de l'évolution de la vie dans le milieu terrestre, c'est lui qui fait communiquer et entrer en composition l'idée de la fonction avec ce milieu pour adapter la forme de l'organe à cette idée, et c'est lui qui, en outre, dirige l'évolution de l'organe. Par cette communication et cette intervention il est constitué résultante psycho-mécanique inconcevable, il est vrai, mais dont le type est néanmoins fourni par la réalité, car il est emprunté à l'*effort*, phénomène indivisément psychique et mécanique dans le déploiement de l'énergie musculaire.

Remarquons enfin que, si nous considérons le dernier produit vivant de l'évolution organique totale expliquée par les causes finales, le terme préfixé est, chez le mammifère, par exemple, un système coordonné de fonctions auquel une forme est expressément adaptée, mais que chacune de ces fonctions présuppose elle-même une adaption organique spéciale dont elle est le terme préfixé, que chacune des cellules qui composent l'organe adapté est un organisme elle-même, dont sa propre fonction est le terme préfixé ; que, enfin, il a bien fallu que les données physico-chimiques (atomes, énergie et lois) fussent tellement instituées qu'elles se prêtassent à la composition et à la structure de la cellule pour qu'elle pût exister. Ainsi chacun des stades régressifs de l'évolution organique totale représente l'aboutissement d'un processus particulier d'adaption, et par le dernier tout le cosmos s'y trouve engagé.

Il est bien entendu que l'analogie du psychique attribué à la cause finale avec le psychique humain peut être plus ou moins lointaine et peut l'être extrêmement ; toutefois, chacun des facteurs de cette cause, par cela même que la conscience humaine en a fourni le type, est un équivalent similaire de celui auquel il correspond dans l'activité psychique de l'homme.

I

Quelle est la valeur de cette hypothèse *au point de vue strictement scientifique?*

On ne peut nier que l'invasion continue du déterminisme mécanique dans l'explication des phénomènes marque le progrès des sciences expérimentales. Elle le mesure, parce qu'elle tend à éliminer le subjectif et par suite à en dégager le plus possible le contenu objectif, c'est-à-dire ce qu'elles renferment de vrai. Ajoutons que, du même coup, elle réduit au minimum l'apport métaphysique du substratum des phénomènes dans les hypothèses qui en présument et préparent l'application [1]. Aussi n'est-il pas sur-

1. L'histoire des emprunts faits par les sciences positives au substratum métaphysique, serait curieuse à écrire. On y démêlerait ce qu'ils ont eu d'abord d'arbitraire et d'excessif et ce que progressivement ils ont gagné en prudence et rejeté d'illégitime. Les savants, dès l'antiquité, ont abstrait spontanément de l'activité musculaire le concept de la force mécanique ; puis s'est formé celui de la masse ; beaucoup plus tard celui de l'inertie. Quant au concept de l'énergie potentielle,

prenant que de plus en plus le savant tende à réduire tout le déterminisme expérimental au mécanisme seul et à regarder comme inachevée l'étude d'un processus empirique aussi longtemps que n'en a pas été découverte l'explication mécanique exprimée mathématiquement.

en germe dans la distinction profonde établie par Aristote entre la puissance et l'acte, il est devenu scientifique bien après lui, concurremment avec les notions ressortissant à la physique. Outre la force mécanique, les savants ont successivement attribué pour causes efficientes aux diverses espèces de phénomènes physiques autant d'agents métaphysiques distincts, phlogistiques, particules lumineuses émises par les corps incandescents, fluides calorique, électrique (de deux espèces positive et négative), magnétique, etc., jusqu'à ce qu'enfin ils eussent très approximativement réussi à les expliquer tous par divers modes de vibrations d'un seul et même agent, l'éther, auquel ils ne prêtent plus que des propriétés mécaniques, ce qui en réduit au minimum les caractères métaphysiques. S'ils ne font pas entièrement abstraction du substratum inaccessible à l'expérience, du moins, dans la mesure où ils y ont recours en mécanique, dernière expression des phénomènes physiques, la sûreté de leur méthode n'en est pas compromise. Leurs hypothèses en chimie ne la compromettent pas non plus; elles ne s'exercent, en effet, pas davantage sur la nature intime, sur l'*être* de la matière. Les propriétés spécifiques des corps tendent de plus en plus à s'expliquer par la division, empiriquement constatée, de leur substratum, par les rapports pondéraux, la distribution et l'architecture des parties ultimes sous l'influence des agents physiques, c'est-à-dire, au fond, mécaniquement. La connexion de cette science avec la physique se révèle de jour en jour plus étroite, depuis que la théorie mécanique de la chaleur y a été appliquée avec un succès décisif et que l'action du choc (explosion), de l'électricité et de la lumière sur cette forme élective de l'énergie qu'on nomme l'affinité, est de mieux en mieux déterminée. Mais les sciences de la vie semblent n'avoir point encore déterminé le substratum métaphysique de leurs objets ; elles n'ont pas encore réussi à l'identifier sans conteste à l'énergie purement mécanique.

Cette tendance le porte donc à considérer un fait comme étant du ressort de la science positive tant qu'il n'est pas reconnu inexplicable, en dernière analyse, par le déterminisme mécanique; à prendre enfin le champ de celui-ci pour mesure de l'étendue assignable au champ de la science positive. L'identification de ces deux domaines ne va pas sans difficulté; je me borne ici à constater qu'elle est réalisée dans l'esprit d'un nombre croissant de savants.

Or l'hypothèse finaliste est fondée sur la présomption que des données exclusivement mécaniques ne suffisent pas à expliquer toute la structure de certaines formes, telles que les formes définies adaptées aux fonctions de la vie; que cette adaptation requiert une donnée de plus, d'ordre psychique, agissant, comme je l'ai spécifié plus haut, sur le processus mécanique. Recourir à cette hypothèse c'est donc, au point de vue du déterminisme exclusivement mécanique, renoncer à expliquer scientifiquement ce genre de structure et en appeler à la métaphysique.

Or ce recours est-il justifié? Faut-il désespérer de pouvoir se passer de l'intervention du psychique pour rendre compte des formations organiques?

La méthode de Bacon, bien qu'elle n'exclue nullement l'étude des événements psychiques dans la mesure où ils tombent directement sous l'observation interne, a pu néanmoins conduire la science positive jusqu'au seuil du monde vivant en la dispensant d'emprunter à ces événements aucun similaire transcendant. Elle n'oblige pas les savants à recourir au psychique pour expliquer des formes définies autres que les organes de la vie, par exemple : les figures des astres et de leurs orbites, les trajectoires constantes des courants atmosphériques et marins, les types divers des vibrations de l'air et de l'éther qui déterminent les phénomènes soit acoustiques, soit caloriques, lumineux, électriques, magnétiques, etc., rapportés de part et d'autre à une cause efficiente commune à tous, d'ordre mécanique. C'est cette méthode, au contraire, qui a dirigé les recherches, les inductions et les hypothèses des savants pour faire aboutir leurs efforts convergents à expliquer par un déterminisme de cet ordre tant de formes définies qui sont en rapport de convenance avec les sens et les besoins des espèces vivantes; qui sont, en un mot, les conditions fondamentales de la vie terrestre. La cristallisation marque le passage de la morphologie inorganique à celle de la cellule et des organismes vivants. Là commence l'apparente insuffisance de l'explication purement mécanique; mais, avant de déclarer réelle cette insuffisance, les savants circonspects pensent qu'il importe de s'assurer si la contribution de la mécanique à la morphologie universelle est essentiellement limitée aux trajectoires relativement simples que les seules données empiriques et les seules ressources mathématiques dont nous disposons nous permettent de mettre en équation; si la convenance qui existe entre la disposition terrestre de l'œil et la vision est d'un autre ordre que celle qui existe entre la disposition sidérale des saisons et la vie des végétaux à qui l'œil des animaux emprunte ses matériaux; ou si, plutôt, toutes ces convenances ne composent pas un système indivisible d'adaptations dans lequel la puissance organisatrice n'a pas nécessairement deux sources distinctes, l'une psychique et l'autre mécanique, mais peut et doit se concevoir uniquement mécanique, fournie par le centre incandescent de ce système cosmique, par l'énergie solaire. Se prononcer pour les causes finales c'est trancher la question, c'est présumer qu'il n'y a rien à attendre du déterminisme mécanique pour expliquer les adaptations des formes vivantes, adaptations qui pourtant, à y regarder de près, ne sont peut-être pas plus surprenantes que celles qui les ont précédées et les conditionnent. Cette présomption pourra donc à bon droit paraître téméraire et l'hypothèse finaliste qu'elle engendre précipitée, surtout depuis que le génie de Darwin, par des inductions sagaces et profondes, a permis de concevoir l'extrême complexité présente des adaptations organiques comme la somme d'accroissements de complexité successifs et minimes apportés à leur simplicité originelle.

II

Les arguments que je viens de faire valoir pour exclure de la science positive l'hypothèse finaliste et la reléguer dans la métaphysique ne sont pas encore décisifs. D'une part il s'en faut que, en biologie, l'explication mécanique soit assez avancée pour que ces arguments imposent la certitude ; ils ne font qu'opposer une présomption à une autre avec une probabilité croissante, il est vrai, en faveur du déterminisme mécanique. D'autre part, les savants finalistes contestent à ce dernier le privilège que lui attribuent ses partisans de régir toutes les relations des événements qui sont du ressort de la science positive. Il ne constitue pas, à leurs yeux, tout le déterminisme expérimental. Les événements psychiques patents chez les animaux, les états conscients indéniables chez l'espèce humaine et infiniment probables, par analogie, chez une foule d'autres espèces, apparaissent à ces savants comme engagés dans le processus de ce déterminisme intégral dont l'autre n'est qu'un département. Les actes volontaires, par exemple, qui réalisent un événement physique préconçu sont, disent-ils, intercalés sans nul doute dans ce processus entre un antécédent et un effet physico-chimiques (mécaniques à ce titre), et jusqu'à présent les tentatives faites pour en éliminer ce qu'il y a de conscient dans la volonté et réduire ce conscient à la qualité superflue d'epiphénomène, ces tentatives n'ont pas réussi au point de forcer l'adhésion de tout le monde savant. La détermination volontaire, ajoutent-ils, n'est pas d'ordre mécanique; assurément il ne s'ensuit pas qu'elle soit libre, mais il s'ensuit qu'elle suppose un conditionnement d'ordre psychique, sur le type duquel on peut concevoir le processus des causes finales. Ces causes ne sont donc point par leur définition exclues du champ de la science positive; rien n'empêche qu'elles soient intercalées dans le processus du déterminisme expérimental, où le psychique organisateur aurait sa place au même titre que les causes volontaires directement observables; mais à la différence de celles-ci, elles ne pourraient être observées que dans leurs effets, c'est-à-dire dans les adaptations organiques.

Cette réponse à l'objection des déterministes mécaniciens est-elle satisfaisante? Elle me semblerait capable de les embarrasser si, quoi qu'en disent leurs adversaires, le concept des causes finales, tel que l'analyse conduit à le décomposer, n'impliquait pas celui d'un acte inconditionné, ou, du moins, incomplètement conditionné, partant soustrait, en tout ou en partie, au déterminisme expérimental institué par l'application rigoureuse de la méthode de Bacon. J'ai plusieurs fois indiqué ce caractère de la cause finale dans mes lettres précédentes ; je voudrais le démontrer maintenant avec rigueur. Il en résulterait que l'hypothèse finaliste n'aurait pas droit de cité dans la science positive, fondée sur le déterminisme, et relèverait essentiellement de la métaphysique.

Dans la pensée du savant finaliste, la différence entre le déterminisme purement mécanique et le déterminisme complémentaire d'ordre psychique consiste en ce que le premier régit toutes les relations physico-chimiques et participe au conditionnement des phénomènes psychiques par les propriétés physico-chimiques de la cellule nerveuse, tandis que le second régit spécialement l'action du psychique sur le monde matériel pour l'organiser, action méconnue par les déterministes purement mécaniciens. Remarquez que cette différence porte uniquement sur la nature des faits déterminés, non sur la nature même de l'un et de l'autre déterminisme, laquelle est identique chez les deux. Cette différence, en effet, n'empêche point, aux yeux du finaliste dans le second, tout comme aux yeux du mécanicien dans le premier, que tel fait, d'ordre psychique ou mécanique, suive invariablement tel antécédent. Or pourquoi cette connexion que le savant finaliste tient pour nécessaire et partant aveugle, et qui pour cela lui semble incompatible avec l'adaptation organique en tant que réalisée, ne lui semble-t-elle pas pour la même raison incompatible avec cette même adaptation en tant que préconçue? Pourquoi, par exemple, la réalisation *fatale* d'une forme adaptée à la vision lui paraît-elle tout à fait invraisemblable, tandis que la conception également fatale de cette même forme lui paraît au contraire non seulement vraisemblable, mais requise pour en expliquer la réalisation? Ces deux jugements sont contradictoires. Le finaliste est donc mis en demeure ou de reconnaître qu'il a recours au déterminisme dans l'ordre intellectuel pour parer à l'insuffisance qu'il lui impute dans l'ordre matériel, ce qui est un cercle vicieux, ou d'admettre que la pensée organisatrice du monde vivant est soustraite au déterminisme, postulat métaphysique étranger à la science positive.

Il est contraint de l'admettre non pas seulement par la logique, pour éviter une pétition de principe, mais aussi par la définition même de la cause finale, d'après l'analyse que j'en ai faite plus haut. C'est ce qu'il me reste à démontrer.

III

Ce savant, remarquez-le, entend demeurer fidèle au déterminisme expérimental; il prétend se borner à ne pas le mutiler comme les partisans du pur mécanisme, à insinuer dans la trame des événements qui se conditionnent les uns les autres le psychique humain, la pensée et la volonté comme antécédents des mouvements musculaires. Il ne les considère pas comme des épiphénomènes qui accompagneraient le processus mécanique sans y intervenir, il les regarde comme étant des anneaux psychiques liés aux anneaux physico-chimiques dans la chaîne du déterminisme expérimental. Jusque-là je ne me sens pas en mesure de le combattre ; la question est encore pendante ; mais il prétend, par analogie, engager aussi un psychique organisateur dans cette chaîne, en l'y plaçant où il convient pour agir sur les directions mécaniques et à titre de composante spéciale, modifier la résultante des forces soumises aux lois physico-chimiques pour la faire concourir à une adaptation préconçue. C'est à cette hypothèse, distincte de la première assertion, que je m'attaque au nom de la science positive, et mon argumentation ne s'adresse qu'au savant finaliste qui prend la position que je viens de définir. Je me propose de lui démontrer qu'elle n'est pas correcte, au point de vue scientifique, parce que, malgré lui, elle l'oblige à placer la cause finale en dehors du déterminisme expérimental, même tel qu'il l'entend.

Quand une forme, un rapport complexe de positions réalisé dans l'espace est l'objet d'une pensée, l'objet dans ce cas préexiste à la pensée ; on conçoit donc que ce puisse être uniquement lui qui la constitue représentative, qu'il en soit la cause nécessaire et suffisante, la cause efficiente, en un mot, qu'il la détermine. La pensée se réduit alors à une représentation toute mécanique de l'objet; elle est comparable à une image produite dans un miroir. Si, au contraire, la pensée du rapport en précède la réalisation dans l'espace, ce n'est plus l'objet même de la pensée qui la détermine, puisqu'il n'existe pas encore et attend d'elle son existence. Évidemment, le rapport de positions ne peut être l'objet d'une pensée, ne peut être conçu qu'autant que, d'ores et déjà, les facteurs constitutifs de chacun de ses termes préexistent dans le cosmos, distinctement ou implicitement, à l'état actuel ou virtuel. Mais, supposée remplie, cette condition nécessaire n'est pas suffisante pour déterminer présentement à l'existence l'idée de ce rapport, puisqu'il n'est pas présentement réalisé par ces facteurs. Qu'est-ce donc qui la détermine à l'existence? Direz-vous que c'est quelque antécédent dont elle serait la représentation? Mais alors cet antécédent serait identique au rapport de positions qu'elle prédétermine, de sorte que la genèse de cet antécédent soulèverait le même problème que celle de ce dernier; vous ne feriez que reculer le fait à expliquer[1]. Vous êtes donc réduit

1. On remarquera que l'explication proposée ici institue l'hérédité, la répétition d'une même forme dans le cours de

à supposer que l'idée préconçue du rapport est déterminée par quelque antécédent dont elle ne serait pas la représentation.

Mais alors où puiserait-elle les matériaux de la synthèse qu'elle représente? En vain l'assimilerait-on à un songe représentant tout autre chose que le fait physiologique (digestion ou autre) qui le suscite ; car un songe suppose un fonds mnémonique de perceptions antérieures susceptible de fournir les matériaux d'une synthèse toute subjective ; mais ici aucun emmagasinement de souvenirs relatifs au rapport à réaliser ne saurait exister encore, de sorte que l'idée préconçue devrait être supposée déterminée et construite par sa cause efficiente sans matériaux d'aucune sorte, ce qui implique contradiction.

Ainsi, l'idée du rapport complexe de positions constituant la forme organique dans votre hypothèse n'est déterminée par aucune condition du milieu où elle naît, elle échappe à toute cause efficiente, en un mot elle ne relève pas du déterminisme expérimental.

l'évolution organique, et c'est effectivement ce que réalise la reproduction sexuelle ; mais il s'agit de savoir si la finalité y intervient. Or il a existé nécessairement un moment du processus où cette forme a été produite pour la première fois telle qu'elle s'est reproduite ensuite, et dans ce cas initial elle n'a pu être déterminée par sa représentation psychique anticipée, faute d'antécédent pour déterminer celle-ci. Force est donc de recourir à une autre explication.

IV

Peut-être le savant finaliste répondra-t-il qu'il n'est pas tenu pour rendre recevable son hypothèse d'expliquer le fonctionnement du psychique organisateur et que l'objection n'emprunte sa force qu'à une assimilation trop étroite de la pensée et de la volonté organisatrices aux fonctions correspondantes chez l'homme ; qu'il est tenu seulement d'établir l'insuffisance du déterminisme mécanique à expliquer l'adaptation organique et par suite la nécessité de recourir à un facteur psychique de cette adaptation ; qu'enfin, si ce n'est pas faire de l'anthropomorphisme que d'y recourir, ce n'est pas davantage faire de la métaphysique, pourvu qu'on s'abstienne de rien formuler touchant la nature intime de ce psychique, pas plus que ce n'est en faire que de prêter, sous les noms de *force* et de *masse*, un substratum aux événements mécaniques.

Je répliquerai que, bien loin d'exagérer l'analogie des deux psychiques en analysant le fonctionnement de ce dernier, je me suis appliqué à ne retenir et considérer de l'un et de l'autre que leurs caractères essentiellement communs et imposés par l'hypothèse finaliste même. Il faut prendre garde de tomber dans un excès contraire à celui qui me serait imputé en généralisant le sens des mots *pensée* et *volonté* au point de l'annuler. Pour moi le mot *pensée* ne signifie plus rien si la chose qu'il signifie n'implique pas dualité, sujet et objet [1] ; c'est le minimum de ce qu'il peut y avoir de commun entre ce facteur psychique dans l'homme et dans l'espèce de cause appelée finale, et cette distinction irréductible d'un élément subjectif et d'un élément objectif dans toute pensée, humaine ou autre, m'a suffi pour édifier mon objection. De même je ne conçois sous le mot *vouloir* qu'une donnée remplissant ce minimum de conditions de faire communiquer la pensée nette ou confuse d'une chose à réaliser avec le milieu où elle doit être réalisée, et de prendre l'initiative de cette opération.

Que le vouloir, ainsi ramené à ses caractères essentiels, soit plus ou moins conscient, peu importe ; je l'ai rendu attribuable au principe organisateur du monde vivant comme au zoophyte, limitrophe du règne végétal et du règne animal, comme à l'infu-

1. Le sujet n'a pas essentiellement pour objet de sa pensée un événement du monde extérieur à lui, il peut se proposer pour objet à lui-même, prendre conscience de sa propre existence et de ses propres modifications. Ainsi toute pensée implique dualité sans pour cela postuler l'existence d'un *non-moi*. Le sens général que j'assigne au mot « pensée » laisse donc entière cette question fondamentale de la connaissance. Les savants la supposent résolue ; elle l'est pour eux comme pour les autres hommes, excepté pour les philosophes, par un acte de foi peu téméraire, moins peut-être qu'un autre dont j'aurai à m'occuper attentivement.

soire où se manifeste le moindre symptôme de relations, d'ordre à la fois psychique et mécanique, avec son milieu. Je me suis efforcé par là d'entrer de mon mieux dans le concept de la cause finale ; mais je ne saurais faire davantage et consentir à généraliser le sens des mots *penser* et *vouloir* jusqu'à le dénaturer, ou plutôt l'abolir.

Parlant ici au nom de la science positive, j'aurais même le droit d'identifier le sens du mot *pensée* à celui du néologisme *cérébration*, car pour le psychologue physiologiste l'évolution de la conscience est conditionnée par celle du cerveau. Je pourrais donc mettre le savant finaliste en demeure d'accoupler un organisme nerveux au psychique organisateur, et le seul énoncé de cette sommation permet de pressentir la difficulté qu'elle lui susciterait, ce psychique ne pouvant exister sans un substratum mécanique, lequel, par hypothèse, ne pourrait à son tour exister que grâce à lui et après lui. Mais je n'ai pas besoin d'ajouter cette objection aux précédentes ; elle met en relief une pétition de principe, et dès le début de ma critique j'ai usé de ce moyen d'une façon radicale.

V

Je me crois donc en droit de conclure que la cause finale, par sa définition même, qui la distingue de la cause efficiente, est constituée indépendante de celle-ci, en d'autres termes soustraite au déterminisme. Le savant, quoi qu'il en ait, ne peut donc en formuler l'hypothèse sans renoncer au principe qui fait la sécurité de ses recherches et transgresser les limites du champ de la science positive en pénétrant dans celui de la métaphysique.

Pour remplir le programme que j'ai tracé à ma critique, il me reste à examiner si, pour ceux-là mêmes qui ne reconnaissent pas au concept des causes finales la qualité d'hypothèse scientifique, il n'y a rien à en retenir dans l'intérêt de la science positive ; si, comme je le disais au début de ma quatrième lettre, ce concept, dans le cas où il ne relèverait pas de la méthode expérimentale, ne pourrait pas néanmoins, sans en compromettre la sûreté, être utilisé comme simple instrument de recherche, comme un échafaudage sert à la construction d'un édifice sans y être incorporé.

J'avais incliné, jusqu'à présent, vers la négative uniquement parce qu'il me semblait que les savants tirent un égal avantage du concept tout empirique d'utilité, abstraction faite d'adaptation finaliste. Ils ont maintes fois constaté que, dans un organisme vivant, végétal ou animal, des parties figurées, dont l'usage n'avait pas apparu d'abord, ont été reconnues appropriées à une fonction (soit par sélection naturelle, soit autrement, peu importe ici). Sur cette indication conjecturale, mais dont la justesse aléatoire est rendue extrêmement probable par nombre de précédents, ils présument que toute partie figurée d'un organisme a son emploi, son utilité dans le fonctionnement de celui-ci, et dirigent avec la plus grande chance de succès leurs recherches en conséquence. Dès lors il me semblait superflu de compliquer d'une vue finaliste cette présomption qui ne préjuge rien. J'étais dans cet état d'esprit, lorsque la lecture d'un récent article de M. Félix Le Dantec, publié dans le numéro du 27 mai dernier (1899) de la *Revue Scientifique* sur les éléments figurés de la cellule et la maturation des produits sexuels m'a révélé que l'hypothèse des causes finales n'aurait pas seulement l'inconvénient d'être superflue dans les recherches en physiologie, mais que, en outre, elle n'y serait pas sans péril pour le progrès de cette science. A propos de la division cellulaire et de la karyokinèse, *s'expliquer le phénomène par le but à atteindre* ne lui semble pas plus satisfaisant pour l'esprit que de s'adresser directement à l'action de forces symétriques, et, en outre, il signale (p. 644) une grave erreur à laquelle a conduit le langage téléologique. Il en signale d'autres plus loin, et il insiste particulièrement sur l'échec des explications issues de la théorie téléologique de Weismann. Vous avez lu avant moi son article, je n'ai pas la prétention de vous opposer des arguments plus décisifs que ceux de votre savant confrère. Je me borne à en tirer les conséquences qui intéressent la forme dernière, la plus prudente et la plus réservée, sous laquelle vous présentez votre requête à la science positive en faveur des causes finales : *tout se passe comme si* elles existaient réellement. C'est ainsi formulée que l'hypothèse, exprimant ou non la réalité, mais en fournissant l'équivalent, eût pu servir de procédé de recherche recommandable aux savants, si d'ailleurs il ne leur suffisait pas de présumer l'utilité seulement de toute partie figurée d'un organisme quelconque. Malheureusement M. Le Dantec produit des exemples où l'observation constate que tout ne se passe pas, que même rien ne se passe comme s'il existait une cause finale. Dans ces cas l'intrusion de ce genre de cause à quelque titre que ce soit, devient préjudiciable à la véritable explication des faits, et je me sens naturellement porté à craindre qu'elle ne le soit dans d'autres cas. Mais je ne prendrai parti sur ce point qu'après que vous aurez parlé.

J'espère, dans toute la discussion que j'ai faite de l'hypothèse finaliste, n'avoir pas trahi le rôle que j'ai eu l'audace d'accepter, n'avoir pas manqué aux règles de la méthode et de l'esprit scientifiques, telles, du moins, que je les ai définies moi-même au cours de ce travail. Il peut paraître terminé aux savants qui m'ont accordé la faveur de le lire. Il ne l'est pas pour moi : je suis poète, en effet, je veux dire soucieux des aspirations, des espérances, des croyances dont a vécu l'âme humaine, et je ne peux me défendre d'être attentif au cri de ses besoins en moi-même. Sont-ils intégralement explicables par le déterminisme, par un processus aveugle et fatal qui les ferait dériver d'un appétit rudimentaire, indistinctement commun à tous les germes vivants, et qu'auraient plus ou moins développé et transformé des conditions tout occasionnelles ? Ont-ils quelque source plus haute ? Que signifie ce qualificatif même que je viens d'appliquer à l'origine de l'homme moral ? Je voudrais tenter le sauvetage du patrimoine ancestral d'instincts moraux qui m'a suscité mes poésies, les seuls de mes écrits auxquels je doive l'honneur d'être membre de l'Académie française ; c'est tenter le sauvetage de l'idéal sous ses diverses formes. Or toutes celles qui représentent le devoir, le sacrifice héroïque, la justice, la dignité en un mot, supposent l'existence du libre arbitre, et, à ma connaissance, aucune tentative de ramener au déterminisme ces phénomènes psychiques n'en fournit des équivalents mécaniques tout à fait exacts, du moins dans ma conscience de poète. Je sens invinciblement que l'explication déterministe impose à des choses différentes les mêmes noms ; le devoir, le sacrifice, la justice, la dignité expliqués par un déterminisme mécanique ou même psycho-mécanique ne sont pas identiques aux choses que ma conscience appelle ainsi. Mais je suis, avec une foule d'autres, intéressé à la conservation de ces *idoles ;* je le suis au moins par mon art qui en vit, comme le croyant par sa religion dont il attend son salut éternel. Aussi mon témoignage est-il fort suspect. Il faut donc que je l'appuie de mon mieux sur des raisons impersonnelles, tirées de la nature même de l'objet que j'étudie.

Au surplus, devant l'incendie qui gagne le temple des divinités que je sers, je n'ai pas l'ambition de les sauver tout seul ; je serais trop heureux si j'apportais utilement mon seau à la chaine.

SIXIÈME LETTRE

(9 décembre 1899.)

LE LIBRE ARBITRE DEVANT LA SCIENCE POSITIVE

I

J'ai terminé ma quatrième lettre par une hypothèse : j'ai supposé les sciences expérimentales parvenues au terme de leur tâche collective, à la découverte d'une loi unique régissant tous les événements qui, au moyen des sens et de la conscience, relèvent de l'expérience humaine, et j'ait fait remarquer que, même dans cette hypothèse la plus favorable, l'esprit humain n'aurait pas encore obtenu pleine satisfaction. Il se demanderait encore comment il se fait que tous ces événements sont régis par cette loi-là plutôt que par une autre, c'est-à-dire (car leur loi n'est que leur commun caractère) d'où vient qu'ils sont tels et ne sont pas autres, pourquoi ce sont ceux-là qui existent plutôt que d'autres. L'expérience, en effet, se borne à constater l'existence et les relations intrinsèques du monde des événements ; elle ne fournit pas de quoi prouver qu'il ne pourrait être différent de ce qu'il est, et, encore moins, qu'il ne peut pas ne pas exister, car elle le considère en lui-même exclusivement; or, nous savons qu'il n'existe pas par lui-même; il n'est que l'acte infiniment multiple et variable d'un substratum dont l'existence s'impose à la raison comme nécessaire, mais dont l'être demeure impénétrable à l'intelligence comme il reste inaccessible à l'expérience. Il est donc interdit aux savants qui professent et exercent rigoureusement la méthode de Bacon de se prononcer sur la nature intime, sur les conditions intrinsèques de l'activité de ce substratum; ce serait déserter le domaine de l'expérience pour faire de la métaphysique. Ils sont logiquement tenus de se borner à recenser les caractères empiriques des événements, à en dégager les caractères généraux et les rapports constants, c'est-à-dire les lois. Or, comme je l'ai déjà fait remarquer dans une précédente lettre, *constance* n'est pas *nécessité*. Aussi toute prévision fondée par eux sur une loi qu'ils ont ainsi découverte ne saurait être, pour le logicien rigoureux, qu'un acte de foi. L'expérience par elle-même, par ses seules ressources, ne saurait leur garantir absolument rien pour l'avenir. Elle n'atteint que certaines conditions, celles qui se trouvent à la portée restreinte des sens humains. Je me demande dès lors s'il serait absolument impossible que, parmi ces conditions, celles dont le concours s'était jusqu'à présent manifesté infaillible pour déterminer tel événement, fussent elles-mêmes conditionnées par des propriétés inconnues, inconnaissables du substratum universel, et fussent, à ce titre, modifiables inopinément. J'ose à peine poser cette question aux savants; je crains qu'ils ne l'accueillent par un haussement d'épaules. Je les supplie néanmoins de condescendre à y répondre, à me prouver que l'éventualité dont je me préoccupe n'existe pas, ne peut pas exister; jusque-là le crédit que l'intelligence de l'homme, bornée dans ses moyens de connaître, peut faire à l'insondable me semblera aussi étendu que son ignorance.

II

Je me hâte d'ajouter que, en dépit de cette éventualité rationnellement admissible, je partage, en fait, leur sécurité au sujet de la stabilité des lois qu'ils formulent. Je n'éprouve pas la moindre inquiétude sur le retour du soleil à l'horizon, non plus que sur la régularité des combinaisons chimiques formant le sol où je marche, le pain que je mange, l'eau que je bois. La question que je soulève ne suffit nullement, à mes yeux, pour infirmer et stériliser les magnifiques acquisitions de la science positive et en désintéresser l'esprit humain. Pour n'être pas démontrées éternelles, les lois empiriques ne sont pas démontrées éphémères, et dussent-elles changer, ne dussent-elles demeurer invariables que pendant un âge géologique, pendant la durée de l'espèce humaine, la recherche patiente et passionnée dont elles sont l'objet serait, certes, amplement justifiée au point de vue de la curiosité pure, comme au point de vue des applications industrielles de la science. Mais ces lois ont toutes les apparences d'une fixité sans limites et la probabilité qu'elles persévéreront indéfiniment croît à mesure qu'elles sont plus souvent et plus longtemps vérifiées. En outre, dans la genèse des mondes, spécialement dans celle de la terre, la théorie des actions continues s'est substituée à l'hypothèse des révolutions brusques; ainsi les prévisions scientifiques n'ont pas à redouter d'être démenties par des cataclysmes qui puissent être attribués à des causes latentes se révélant tout à coup. Une évolution lentement progressive de formes variables sous des lois invariables, tendant à différencier de plus en plus par la division du travail organique et fixer des types pour conduire peut-être enfin tout le cosmos au repos par le refroidissement; voilà sous quel aspect s'offre à l'esprit scientifique l'histoire de l'Univers. Quand donc les savants annoncent une éclipse de soleil, le retour d'une comète, la combinaison de deux corps, ils peuvent le faire avec toute l'assurance qu'autorise une extrême probabilité. Si leurs prévisions individuelles sont contredites par les événements, il est, dans toute cette mesure du probable, rationnel qu'ils ne s'en prennent qu'à eux-mêmes, qu'ils accusent leurs télescopes d'imperfection ou leurs balances d'insuffisante précision plutôt que la nature d'infidélité. Quand ils ont observé que tel phénomène a toujours suivi la rencontre soit fortuite, soit préparée de certaines conditions, et que les mêmes conditions se représentent, ils en peuvent induire, avec une confiance appuyée sur la plus haute vraisemblance, que le même phénomène se reproduira, d'autant plus que l'expérience ne leur fournit aucune raison de douter qu'il en doive être toujours ainsi, de croire qu'il en puisse jamais être, par exception soudaine, autrement.

A tout prendre et au pis aller, à supposer que certains mouvements d'origine et, jusqu'à présent, de nature inaccessibles à l'expérience, pussent venir des régions métaphysiques du substratum universel modifier soit par degrés, soit soudain le processus des événements régis par les lois empiriques, il ne s'ensuivrait pas que nécessairement cette intervention inopinée, tout anormale qu'elle nous paraîtrait, dût par là détruire l'économie essentielle de ces lois, objet de la science positive, pas plus, par exemple, que le choc, impossible pour l'observateur à prévoir, d'un courant d'air sur un pendule n'abolit la loi de l'oscillation, tout en modifiant la trajectoire et la vitesse du mobile; ce choc ne fait qu'introduire une composante nouvelle dans le système dynamique de ce pendule. A coup sûr l'intrusion aléatoire de causes nouvelles dans le processus normal et régulier des événements en rendrait pour les savants l'analyse et l'expérimentation singulièrement plus difficiles; elles en entraveraient l'explication de la même manière que le font aujourd'hui les causes encore ignorées, mais les lois démontrées ne seraient point par là infirmées; elles demeureraient acquises à la science.

III

La distinction, que j'ai essayé d'établir dans les pages précédentes entre la nécessité métaphysique et le déterminisme tel que la méthode expérimentale conduit et autorise à le définir, est à mes yeux bien importante, car ce dernier laisse indéterminée la solution, possible ou non, des problèmes transcendants d'ontologie et d'éthique, posés par les métaphysiciens. Il laisse entier, entre autres, celui de l'activité spontanée, c'est-à-dire initiale, question impliquée dans celle des origines du monde des événements. Ce monde a-t-il eu un commencement? Quand nous remontons le cours des âges par la pensée, en nous rapprochant, d'une part, de la nébuleuse où les atomes attendaient le refroidissement pour se grouper en composés chimiques, et d'autre part de la cellule vivante à irritabilité rudimentaire, nous voyons les gestes du substratum universel rétrograder vers la simplicité. Cela nous suggère la présomption que beaucoup plus loin, dans le recul infini du temps, il a peut-être commencé d'agir. Son activité aurait donc alors passé spontanément de l'état purement potentiel à l'état effectif? Transition critique, inaccessible à notre intelligence. L'action et la conscience ont-elles commencé simultanément, ou bien l'une a-t-elle précédé l'autre, et, dans ce dernier cas, l'organisation du monde des événements, et spécialement l'organisation des formes vivantes a-t-elle précédé la vie consciente ou, au contraire, la conscience, la pensée a-t-elle précédé les formes organiques et présidé à la création de ces formes? Rien dans les manifestations de la vie terrestre n'échappe-t-il au déterminisme expérimental? Ou faut-il admettre, dans le milieu physico-chimique, une indépendance relative et à définir, propre à l'activité psychique, dont le vouloir humain serait, sur la terre, le type supérieur et qui, en introduisant la responsabilité dans la conduite, imprimerait à la morale un caractère transcendant, tout à fait inexplicable pour la science positive?

Aux yeux du savant, ces diverses questions, qui échappent l'expérience, sont oiseuses. Elles ne sont pas de son ressort, mais elles divisent les métaphysiciens de manière à l'en consoler aisément.

Tout ce qu'il peut affirmer, c'est que jamais il n'a surpris un état de conscience indépendant de toute donnée physique, qu'il n'en a jamais observé aucun qui n'eût pour antécédent un déplacement dans l'espace, une construction cellulaire, centre d'irritabilité, de sensation ou de pensée. Quant à déclarer, non pas seulement contraire à l'expérience, mais péremptoirement impossible que la conscience ait jamais précédé, ait jamais déterminé l'organisation fonctionnelle, il ne s'en reconnaîtra pas le droit, s'il demeure rigoureusement fidèle à la méthode expérimentale ; mais la réalité du fait reste à établir, et il a le droit redoutable d'en exiger la preuve ; il peut se contenter de ce droit. Il tiendra ferme le balancier de son jugement pour ne pencher vers aucun abus de pouvoir dans la critique des doctrines, non plus que dans l'interprétation des faits.

Or sur ce dernier point les savants mêmes sont exposés à faire sans le vouloir de la métaphysique, et, chose curieuse, par excès de précaution contre la métaphysique même. Admettre, comme le font les partisans du déterminisme mécanique, que l'énergie physico-chimique, c'est-à-dire, en dernière analyse, son équivalent purement mécanique, suffit à construire la cellule ; qu'il s'y transmue en une conscience rudimentaire, simple épiphénomène ; que, ensuite, cette même force fournit ce qui groupe les cellules innombrables en colonies ouvrières distinctes, et y opère de plus en plus la division du travail physiologique et psychique ; admettre enfin que cette évolution, déterminée par des rencontres aveugles, aboutit à la formation des organes cérébraux, où l'énergie mécanique initiale se traduit par un équivalent psychique constituant l'individualité animale, à son apogée dans la personne humaine, c'est là une conception qui, à l'insu de ses auteurs, implique plus d'une hypothèse métaphysique sur la nature impénétrable du substratum des phénomènes observés. Ils supposent, en effet, démontrée l'identification du physique et du psychique dans l'énergie qui détermine l'évolution organique, et dont le psychique ne serait qu'un équivalent, au même titre que la chaleur, la lumière, l'électricité, le magnétisme et la force mécanique. Or, comme je l'ai précédemment rappelé, ces deux facteurs de la vie, le physique et le psychique, sont demeurés jusqu'à présent irréductibles l'un à l'autre, encore que leurs patentes relations attestent qu'ils communiquent entre eux ; le passage de ce qui vibre ou pèse à ce qui sent, pense et veut, est encore insaisissable à l'expérience. Si, en outre, on considère que le type de la force mécanique est une abstraction opérée par la conscience sur la donnée empirique fort complexe, psycho-mécanique, du mouvement musculaire, dont la vitesse et la direction sont conditionnées (librement ou non) par le vouloir et par tous les antécédents mentaux qui le conditionnent lui-même, il pourra sembler au moins téméraire de tenter l'explication de cette donnée tout entière par un seul de ses éléments constituants, et précisément par celui que la conscience témoigne être consécutif et subordonné aux autres.

Le savant circonspect ne demandera pas à la méthode expérimentale et au déterminisme qu'elle prescrit les explications qui en dépassent la portée. Il a le devoir de se refuser à la discussion et même à l'examen de toute hypothèse ouvertement ou implicitement métaphysique, parce que les seuls matériaux d'information et les seuls instruments de connaissance dont il se reconnaisse le droit de se servir pour interroger la Nature ne lui permettent pas de rendre pertinentes les questions que soulève une pareille hypothèse.

Est-ce à dire qu'il n'y ait rien d'utile pour la science positive à tirer du concept de l'être soutenant le phénomène ? Loin de là ; les mots *force*, *matière*, *esprit* couvrent des notions métaphysiques usuelles et permanentes dont les signes verbaux pourront changer sans qu'elles varient foncièrement, et la science en a profité et en profitera toujours, mais à la condition de ne leur donner pour objets rien d'autre que les spécifications du substratum universel par ses divers actes mêmes, et d'en laisser la nature intime absolument indéterminée pour n'en viser que l'existence et les manifestations tombant sous les sens ou la conscience. Fresnel, par exemple, n'a pas eu besoin de définir le substratum de l'éther hypothétique, il lui a suffi d'en postuler l'existence et d'en définir et calculer les mouvements vibratoires.

IV

Aussi n'ai-je en aucune façon la prétention ridicule d'ébranler la confiance que les savants accordent à la gravitation universelle et aux diverses propriétés physico-chimiques des corps. Je me borne à leur signaler qu'elle devrait être chez eux essentiellement distincte de l'assurance absolue qu'impose à l'esprit une réalité nécessaire. Or, en fait, l'acte de foi en la constance des lois empiriquement découvertes usurpe dans l'esprit de tous les savants le caractère d'une pareille assurance ; et je voudrais examiner ce qui les induit à confondre ainsi le déterminisme expérimental avec la nécessité métaphysique. C'est évidemment d'abord la longue habitude que la nature même fait contracter à l'expérimentateur d'assigner avec sécurité des rendez-vous aux événements sur la foi des lois empiriques. En effet, hormis le cas litigieux du miracle, on n'a jamais constaté nul désaccord entre ces lois et les événements observés avec méthode et soin. Il en résulte chez lui une pente irrésistible et inconsciente à regarder comme ne pouvant pas ne pas se produire ce qui, dans les mêmes conditions accessibles à l'expérience et définissables, s'est toujours produit, et à négliger par là, comme si elle était impossible, absurde *a priori*, l'éventualité d'autres conditions infiniment plus profondes, susceptibles de varier, qui seraient imposées à celles-là par l'activité foncière du substratum commun à toutes.

Je crois apercevoir encore une autre raison, plus essentielle, de la confusion que j'examine, je la livre au contrôle des savants. Ils attribuent un substratum matériel à tous les faits indistinctement, mécaniques et psychiques. Or depuis que la balance leur a permis de constater que, sous les transformations les plus diverses, rien ne se perd de la matière, qu'elle ne peut pas être anéantie, elle leur apparaît à bon droit comme ne pouvant pas ne pas exister, en un mot comme existant nécessairement. Par là elle représente pour eux le substratum universel; c'est par cette voie empirique qu'ils sont amenés à le concevoir sans d'ailleurs chercher aucunement à l'approfondir; ce qui est fort sage. Mais est-il uniquement matériel? On en peut douter, car les faits de conscience, bien que l'expérience les montre indivisément associés et même subordonnés aux faits d'ordre mécanique, y demeurent néanmoins irréductibles, ce qui, jusqu'à plus ample informé, interdit d'en identifier formellement le substratum à la matière. En réalité, le substratum universel jusqu'à présent se révèle mécanique et psychique à la fois, fournissant, dans le monde des événements, à la conscience son principe métaphysique comme le leur à la pesanteur et à l'étendue ; mais les savants le simplifient, et de ce qu'il ne peut pas ne pas exister ils infèrent implicitement qu'il ne peut pas ne pas agir comme il agit, en d'autres termes que le monde des événements ne peut pas ne pas exister tel qu'il est. Or cette inférence est gratuite : la transition logique des prémisses à la conclusion est loin d'être aussi simple, aussi évidente qu'il semblerait à première vue ; en réalité elle est d'ordre métaphysique et, à ce titre, interdite à l'esprit scientifique. Exister nécessairement et agir nécessairement sont deux choses dont la première peut ne pas prescrire la seconde. Elles paraissent même plutôt incompatibles ; car, pour la raison humaine, n'est-il pas inconcevable que la nécessité n'implique pas l'immutabilité ? Pour qu'une chose comporte une variation quelconque, encore faut-il qu'elle puisse ne pas exister telle qu'elle est ; comment donc concevoir qu'une chose nécessaire, c'est-à-dire dont l'existence résulte de sa nature même, puisse en quoi que ce soit changer de nature et continuer d'exister ? Pour moi, concevoir l'être nécessaire, donc éternel, déterminant le devenir m'est aussi impossible que de concevoir, dans le processus du devenir universel, des commencements absolus d'action, en un mot des *initiatives indépendantes*. L'un et l'autre cas n'en sont pas moins fournis par l'expérience, le premier par les sens, qui témoignent du perpétuel devenir dans le monde perceptible, œuvre du substratum universel, le second, chez l'homme, par la conscience, sous le nom de libre arbitre. L'un semble tout naturel au savant déterministe, l'autre au contraire lui semble absurde et il le déclare illusoire ; et, en effet, la raison humaine en oppose l'absurdité à la conscience humaine qui en sent la réalité, mais, pour être impartiale, cette même raison devrait également nier comme impliquant contradiction et déclarer chimérique la relation du nécessaire au devenir, sur laquelle cependant repose l'objet même de la science aux yeux du savant qui croit à la nécessité des lois empiriques.

A vrai dire cette nécessité qu'il présume tente vivement sa croyance, car elle prête à ces lois, au lieu d'une durée problématique, une essentielle éternité. Elle offre en outre l'avantage considérable de ne pas laisser inexpliquée la loi dernière dont la découverte clorait les recherches et couronnerait l'édifice de la science supposée achevée, car cette loi trouverait son explication dans sa nécessité même.

Malheureusement l'expérience demeure, sans aucun doute, impuissante à fournir la dernière explication des phénomènes. C'est par le sentiment de cette impuissance que l'esprit humain, cantonné dans le monde des événements par la seule méthode, celle de Bacon, qui lui assure sans conteste la possession progressive d'un ordre restreint de vérités d'ailleurs très utiles et admirables, se résigne à considérer comme expliqué tout événement dont il a découvert la cause la plus prochaine, la cause efficiente, encore que cette cause ne soit pas, tant s'en faut, la seule condition dont l'événement procède ; il en présuppose une infinité d'autres antécédentes et actuelles ; il a sa racine infiniment plus profonde et plus étendue dans l'impénétrable intimité de l'être où se compose et se tisse la trame solidaire de tous les événements.

En résumé, il y a un déterminisme expérimental qui logiquement n'implique pas la nécessité des relations générales et constantes des lois du monde qui tombe sous les sens et la conscience ; et il y a une nécessité métaphysique dont nous n'avons connaissance qu'en tant qu'elle appartient à l'existence du substratum de ce monde ; au delà, en ce qui touche l'activité causale de ce substratum, nous ne sommes en état de rien affirmer à cet égard. Il s'ensuit que la science positive, purement expérimentale, telle que l'a instituée la méthode de Bacon, donne pour fondement à la foi dans la constance des lois qu'elle formule une induction de même valeur que celle qui en présume l'universalité en étendant aux faits inaccessibles les relations préalablement reconnues générales entre les faits observables. Dans l'un et l'autre cas l'induction suppose accordé que, au delà des conditions déterminantes à portée de l'expérience, au delà des causes efficientes il n'existe pas de conditions capables de se révéler inopinément perturbatrices des premières. En réalité nous n'avons pas le droit de l'affirmer.

Tout ce que nous pouvons affirmer du substratum des événements peut tenir en quelques lignes. Il existe nécessairement, et de la nécessité de son existence résulte qu'il est éternel, absolu, infini. Il est le principe de toutes les variations qui constituent l'évolution universelle, le devenir. Nous ne saisissons de son activité que ce qui en est révélé à notre conscience dans la nôtre en tant que nous voulons et entrons par notre vouloir en communication avec notre milieu, mais ce qui de lui, de son fond même agit, soit dans ce cas en nous, soit hors de nous dans le monde ambiant tant minéral que vivant, échappe à notre intuition ; nous n'en avons aucune connaissance adéquate. Ce qui tombe sous notre conscience ou sous nos sens, c'est seulement le monde des événements (et encore dans une très faible proportion), c'est donc une part minime de ses actes, ce n'en est pas le principe. Je veux lever la main, je la lève, j'en ai conscience, mais je n'ai aucune conscience de ce qui constitue foncièrement mon activité psychique et mon activité mécanique, de ce qu'elles sont l'une et l'autre en elles-mêmes, de leur *être*, de leur *substance*, comme disent les métaphysiciens. Si je le pénétrais, je m'expliquerais du même coup la communication de ces deux activités entre elles, réalisée dans l'effort musculaire voulu, et je ne me l'explique pas.

Si je ne me suis pas trompé dans les pages précédentes en caractérisant, autant qu'il peut m'être donné, à moi profane, de le connaître, le respect scrupuleux de la méthode scientifique, en définissant le déterminisme expérimental et en délimitant son domaine propre, il s'ensuit que les savants se fourvoient, lorsqu'ils interviennent dans les controverses sur le libre arbitre et les causes finales qui l'impliquent. Je m'étonne que cette question les divise, car elle ne les concerne pas. Ni dans un camp ni dans l'autre, soit qu'ils affirment, soit qu'ils nient la réalité de ces causes, ils n'en peuvent rien dire sans sortir de leurs attributions, parce qu'une telle question n'est pas pertinente, posée à des chercheurs qui pratiquent la méthode de Bacon. A mon avis, les adversaires comme les partisans de la finalité désertent à leur insu le domaine proprement scientifique, les premiers en la déclarant inutile et étrangère à l'évolution universelle, les seconds en l'y déclarant indispensable. D'une part, en effet, ceux-ci pourraient avoir raison contre ceux-là sans avoir à leur disposition aucun moyen scientifique de prouver leur thèse ni de détruire les objections que la science positive y suscite; d'autre part, il ne serait pas impossible que tous les événements ressortissant à cette dernière fussent liés entre eux par des relations constantes et par là soumis au déterminisme expérimental, sans que le système de ces événements et de leurs lois le fût : il procéderait *tout entier* d'une initiative finaliste du substratum universel. Une comparaison éclairera ma pensée. Supposons que, sur un billard, les billes aient été mises en mouvement par un joueur, et que parmi les microbes recélés par le duvet du tapis il y en ait qui soient doués d'intelligence et cherchent à explorer et à s'expliquer leur milieu; supposons en outre que le coup de queue ait précédé leur apparition et que la portée de leurs moyens d'investigation ne dépasse pas le périmètre et le niveau des bandes. La vitesse et la direction imprimées aux billes, les rencontres de ces sphères énormes leur paraîtront soumises au déterminisme et ils pourront étudier et formuler les lois du choc et de la déviation angulaire qui en résulte pour les trajectoires des billes, réserve faite toutefois du cas singulier de certains *effets* de recul et d'incurvation qu'ils se promettront d'expliquer quand la science sera plus avancée. En somme, pour ces microbes intelligents tout se passera comme si l'initiative du joueur, la préparation du coup par sa pensée, sa résolution enfin mise à exécution par son bras avec la queue de billard n'existaient pas ; mais en réalité tout ne se passe pas ainsi ; ils auront fait la théorie purement mécanique, c'est-à-dire la science positive du carambolage. Il restera, pour l'expliquer intégralement, à en faire la métaphysique, à montrer qui a construit le billard, tissé le tapis, tourné les billes en vue des carambolages et, par une préméditation spéciale, institué aussi dans chacun de ceux-ci la finalité. L'œuvre scientifique de ces minuscules déterministes aura été à la fois irréprochable et insuffisante.

Mais comparaison n'est pas raison ; j'ai à produire des arguments directs et décisifs pour démontrer l'incompétence de la science positive dans la question des causes finales et ramener cette question sur le seul terrain où elle soit pertinente et admissible.

D'après l'idée que se font les savants du déterminisme expérimental, de sa nature et de sa portée, rien n'existerait, rien n'agirait, rien n'arriverait qui ne fût ou bien nécessaire, à titre de substratum, ou bien nécessité, à titre d'événement. Or il est indéniable que l'homme, à tort ou à raison, s'attribue une activité indépendante dont il a conscience. Je me demande alors d'où procède et comment peut naître en lui la conscience de cette sorte d'activité qui, dans cette conception de l'Univers, non seulement n'existe pas, mais encore est exactement le contraire, la négation de ce qui existe, c'est-à-dire du déterminisme universel. Ainsi ce dernier, qui ne pourrait sans se nier engendrer son contraire, en peut néanmoins engendrer la conscience. Je suis extrêmement frappé de cette étrange conséquence où conduit la thèse du déterminisme universel confrontée avec l'observation interne. On répond que le conditionnement nécessaire des états psychiques n'engendre assurément pas le libre arbitre, mais qu'il peut néanmoins en engendrer l'illusion dans la conscience : l'homme croit qu'il peut, au même moment, vouloir agir de telle manière ou vouloir agir de telle autre, ou s'abstenir ; en réalité, son vouloir est prescrit par des causes efficientes qu'il ignore, et cette ignorance lui donne l'illusion que rien ne le prescrit. Cette explication est empruntée à Spinoza et j'en ai déjà signalé l'ingéniosité et la profondeur. Je la crois néanmoins inacceptable ; je crois que de la nécessité ne peut rien sortir qui implique même l'illusion d'une initiative indépendante et je m'efforcerai de le démontrer.

Il y va du salut de choses que je ne croirai qu'à la dernière extrémité chimériques. Par exemple, je ne reconnaîtrai qu'à bon escient vide du sens que lui confère le libre arbitre et que le vulgaire lui prête, le mot *indignation*, qui signifie le sentiment intolérable d'un outrage fait en autrui par l'homme à la *dignité* humaine identifiée à la justice. Mon instinct de poète, indivisément moral et esthétique, y répugne : il ne reconnaît pas un équivalent d'un tel sentiment, un équivalent qui le satisfasse, dans un épiphénomène psychique subsidiairement greffé à un processus physiologique réductible à une expression mécanique. C'est de ma part peut-être une faiblesse professionnelle ; du moins je ne m'y abandonne pas aveuglément, et je tâcherai, si j'en ai le loisir, de faire, par une analyse et une critique exactes, mon intelligence complice de mon instinct moral.

L'EFFORT VERS LA VIE
ET LES CAUSES FINALES

RÉPONSE DE M. CHARLES RICHET AUX LETTRES PRÉCÉDENTES

Il y a quelque audace à mettre le mot *conclusion* à la fin de ces *méditations* sur les causes finales. Qui donc en effet, sans une ridicule témérité, oserait prétendre conclure en pareil sujet ?

Toutefois il convient peut-être d'avertir nos lecteurs — s'il en est qui aient consenti à nous suivre dans ces hautes régions métaphysiques — qu'il n'y a pas entre vous et moi de divergence d'idées essentielle.

Vous insistez avec raison sur le sens du mot *effort*, qui est un mot anthropomorphique, comme tous les mots humains sans doute. Mais ne m'accusez pas d'avoir par là supposé une conscience analogue à la conscience humaine, une volonté analogue à la volonté humaine, une idée préconçue antérieure à l'acte, analogue à l'idée de vouloir, qui est latente dans l'intelligence humaine, avant l'acte. Votre analyse sur ce point est si judicieuse que j'ai maintenant quelque remords de m'être servi d'un mot qui prête à cette confusion. Non certes, je n'ai jamais songé à assimiler ce que j'ai assez mal appelé *effort* (de la Nature) *vers la vie*, et l'effort humain dans un acte volontaire. Si j'ai employé le mot *effort*, c'est que je n'en ai pas trouvé de meilleur à ma disposition.

Admettez donc qu'au lieu de dire effort vers la vie, j'aie dit : Progrès vers la vie ou tendance à la vie. Peut-être alors me concéderez-vous que le mot *effort*, s'appliquant à une des lois les plus mystérieuses de l'immense Univers, avait été pris dans un tout autre sens que le mot *effort* communément employé en psychologie, pour indiquer la volonté d'un homme, d'un chien ou d'une tortue.

J'ai voulu indiquer seulement qu'il y a, pour toutes les formes vivantes qui s'agitent à la surface de notre microcosme planétaire, une tendance invincible à ces deux grandes choses : la conservation de la vie individuelle et la conservation de la vie de l'espèce. Ce n'est pas là évidemment une découverte. Rien n'est plus antique et plus banal. Mais, si l'on veut bien examiner cette grande loi d'un peu près, on y découvrira des conséquences inattendues.

Ici alors se pose la fondamentale question de la méthode scientifique abordée par vous avec tant de profondeur. Avons-nous le droit d'aller au delà d'une simple constatation ? Après avoir établi que partout, dans le monde animé à nous connu, il y a tendance à la vie, résistance à la mort et aux causes de destruction, harmonie entre les organes, adaptation à des fonctions multiples et complexes, devons-nous nous contenter de cette affirmation, et ne tirer aucune conclusion, métaphysique ou générale, de cette loi universelle, vraie dans les plus intimes détails, que les êtres vivent, et qu'ils sont tous très bien organisés pour vivre ?

Tel est le problème que nous avons à discuter, et que nous avons discuté.

Vous auriez, si je ne me trompe, quelque penchant à refuser au savant le droit d'aller plus loin que cette constatation. Le déterminisme, cette précieuse méthode d'analyse, ne nous permet pas en effet de chercher autre chose que les conditions des phénomènes. Toute spéculation et toute conclusion sur les phénomènes nous sont interdites. Soit. C'est une opinion très sage ; c'est peut-être même la plus sage. Mais cependant la sagesse n'interdit pas, si l'on y met quelque prudente réserve, certaines tentatives de généralisation, même si elles ont des apparences téméraires.

Ai-je été trop loin en parlant de finalité ? Je n'en suis pas tout à fait convaincu ; car je n'ai jamais songé à la présenter sous la forme d'une affirmation péremptoire.

Et qui donc aurait la pensée d'assimiler, en certitude, une démonstration (expérimentale ou mathématique), à une vue générale du monde? Concevoir qu'il y a peut-être une finalité aux êtres vivants, cela ne peut entraîner aucune certitude rigoureuse. Si parfaite que soit la démonstration, il faudra toujours tenir compte dans ces surhumaines questions de notre insuffisance intellectuelle, de la pénurie de nos moyens d'investigation, de notre infirmité et de notre infimité humaines. Un fait précis d'une part, et une loi mondiale de l'autre, ce sont là deux vérités d'un ordre absolument différent, et les aperçus audacieux sur le Cosmos ne pourront entraîner de conviction bien profonde que chez ceux qui sont déjà, par des raisons de sentiment, plus ou moins par avance convaincus.

Pourtant, même le savant le plus résolument déterministe peut se hasarder à de pareilles conceptions quand elles entraînent, pour la recherche scientifique, d'heureuses conséquences.

Or, dans le cas actuel, le concept d'une finalité — en laissant délibérément à ce mot son acception la plus vaste et la plus nuageuse — possède cet immense avantage qu'il prépare à la recherche, dirige l'expérimentateur, lui permet d'inventer et d'imaginer de nouvelles expériences. En fin de compte, l'hypothèse de la finalité se trouve incessamment justifiée par les résultats expérimentaux.

Chaque fois que le physiologiste ou le biologiste

étudient une fonction nouvelle, immédiatement ils en trouvent l'adaptation à la vie de l'être ; et ils sont même tellement inféodés à cette notion de l'utilité qu'ils ne pourraient pas raisonner autrement. Supposons qu'un anatomiste découvre chez les ascidies un nouvel organe sensoriel ; aussitôt il supposera que cet organe a une fonction, que cette fonction sert à l'ascidie pour protéger l'individu ou l'espèce, et il lui paraîtra mille fois absurde d'admettre que cet organe est inutile, que cette fonction est inutile, tant la notion de finalité, qu'il l'avoue ou non, s'impose à son esprit. Même s'il n'arrive pas tout de suite à élucider quel est le rôle précis de ce nouvel organe, il va résolument chercher à le déterminer, et il ne s'arrêtera dans sa recherche qu'après avoir trouvé, étant persuadé que cette recherche sera fructueuse et aboutira.

Laissez-moi prendre, pour bien faire saisir ma pensée, une comparaison *a minima*. On trouve, à la dernière page de certains journaux illustrés, des problèmes de jeu d'échecs, qui sont posés aux amateurs. Or les amateurs aussitôt en cherchent la solution, car ils sont assurés d'avance qu'il en existe une ; et ils ne se découragent pas dans leur recherche, car ils ont la certitude que le problème posé n'est pas insoluble, tandis qu'ils se décourageraient bien vite — et peut-être même ne se donneraient-ils pas la peine de chercher — s'ils savaient que les pièces ont été disposées au hasard. Au contraire, par avance, chacun d'eux est convaincu qu'il lui est possible de réussir et de trouver la solution exacte.

De même dans l'étude des lois naturelles. Par avance, nous savons que tous les phénomènes physiologiques ont une utilité, et cette conviction nous enhardit dans la recherche ; car il n'est pas possible — nous en sommes tous parfaitement convaincus — qu'un phénomène biologique ne comporte pas une conséquence utile à la vie de l'être.

Ainsi la finalité domine la physiologie et la biologie générales.

Mais cette finalité est-elle due à la sélection naturelle, ou à d'autres causes encore, inabordables à notre science?

Certes, l'hypothèse de la sélection est admirable, et elle rend compte de diverses modalités de la vie, aussi bien comme morphologie que comme physiologie. Mais est-elle suffisante? Je crains fort que non. Darwin lui-même avait très loyalement reconnu que certains phénomènes demeurent inexplicables, et, depuis Darwin, les objections et les difficultés se sont multipliées. Le développement de l'intelligence, par exemple, peut-il s'expliquer simplement par la survivance du plus apte? Comment la conscience s'est-elle dégagée de l'inconscience? Est-ce que le *struggle for life* suffit pour l'expliquer? Comment des êtres si délicats et si fragiles? Comment ces instincts compliqués? Comment ces formes étranges? Comment ces précautions innombrables, défiant notre sagacité et nos investigations, pour assurer l'existence des plus minuscules créatures ?

Si nous appelons au secours de la théorie de la descendance la durée prodigieuse de plusieurs millions de siècles, nous faisons peut-être comme on a fait de tout temps pour appuyer des théories fausses. Nous apportons de mauvaises raisons qui paraissent satisfaisantes, mais qui, un jour, étonneront par leur naïveté nos successeurs, quand une théorie nouvelle, plus précise, aura remplacé la théorie qui est encore en vogue aujourd'hui.

Non que je prétende, audacieusement et ridiculement, remplacer la grande théorie de Darwin par une autre. Je dis seulement que cette théorie de la sélection est imparfaite, et que l'autre théorie, la théorie x, que je ne connais pas, que je ne pressens même pas, qui peut-être ne sera jamais accessible à l'homme, sera plus compréhensive que la théorie darwinienne, et rendra compte des innombrables faits que Darwin et ses successeurs n'ont pu expliquer qu'en torturant et dénaturant les données de l'observation et de l'expérience.

Donc, pour qu'on ne se méprenne pas sur le sens de mes paroles, il ne s'agit pas de nier que les êtres dérivent les uns les autres par des gradations successives. Nous n'allons pas ressusciter le vieux dogme, cette antique légende qu'aucune personne de bon sens ne soutient aujourd'hui, à savoir la création de toutes pièces d'une fourmi, ou d'un lézard, ou d'un éléphant. Il n'est plus permis de soutenir cette absurdité. La génération spontanée n'est même plus acceptable pour les sarcodes les plus élémentaires. Il est bien évident que les êtres sont nés les uns des autres, que la sélection est la loi de la vie et qu'elle a dirigé la variété des formes anatomiques et des fonctions physiologiques. La science ne revient pas en arrière pour faire revivre les erreurs passées. La sélection est une théorie vraie, démontrée vraie, et elle ne sera pas renversée dans ses principes fondamentaux.

Mais, pour vraie qu'elle soit, elle n'est pas complète. Elle n'explique nullement cette tendance à une source de vie plus intense, cette résistance à la destruction, cette lutte perpétuelle et ardente, dont toute la vie terrestre est le résultat. Elle est vraie, nécessaire et insuffisante. Elle établit que les êtres luttent entre eux ; elle ne rend pas compte de la cause qui les fait lutter entre eux. Nous avons donc le droit, le devoir même de chercher autre chose que la sélection ; d'aller au delà du principe de la sélection. Oui, assurément, il y a sélection et concurrence vitale. Mais pourquoi ? Quels ressorts secrets poussent les êtres à cette lutte sans merci et sans trêve qu'ils entreprennent ? Est-ce par un simple mécanisme fatal que l'intelligence a apparu? Est-ce par la simple lutte pour la vie que tant d'êtres ont des procédés de défense, si ingénieux et si compliqués que toute l'œuvre des physiologistes n'a pas réussi à en débrouiller une minime partie?

Pour prendre un exemple entre cent mille, on a presque établi aujourd'hui que les cellules vivantes réagissent aux poisons en sécrétant des substances antitoxiques spéciales pour chaque poison. Autant de toxines, autant d'antitoxines créées par la cellule. Comment la sélection peut-elle rendre compte de cette savante fabrication de contrepoisons, dont chaque petite cellule est l'officine?

En présence de ces difficultés qui vont en grandissant, à mesure que la science progresse, nous sommes tentés de raisonner anthropomorphiquement, ou, si vous préférez, humainement, et de dire qu'il y a quelque loi cachée sous ces adaptations extraordinaires, que cette loi cachée n'est pas la sélection; que la sélection n'est qu'une partie du problème, et qu'il faut chercher au delà.

Et nous voilà ainsi revenus aux causes finales. Vous avez pleinement raison, mon cher ami, quand vous parlez de spéculation métaphysique, et d'une impossibilité de conclure scientifiquement. C'est une hypothèse que d'admettre une finalité dans le sens étroit de ce mot; mais je n'ai jamais eu la prétention de comparer cette finalité cosmique à notre pensée humaine ; encore moins, comme vous me le reprochez, de voir là une sorte de *cérébration* supérieure. Mais je ne puis pas accepter ce reproche. Je suis, au contraire, convaincu de l'impuissance radicale de l'homme à résoudre le grand problème du monde, et toute vue d'ensemble, je la considère d'avance comme indémontrable et hypothétique. Même l'inflexibilité des lois mathématiques qui règlent la matière ne doit pas être considérée comme un dogme. M. Poincaré établissait récemment que, si les lois physiques sont vraies quant à leur formule brute, on trouve des écarts difficilement explicables dans leurs dernières décimales, qui nous montrent que ces grandes lois physiques ne sont pas la vérité tout entière, et que quelque chose de mystérieux nous en échappe.

Que le mécanisme gouverne le monde, cela n'est pas douteux, comme vous le dites si bien. Mais rien n'est expliqué par le mécanisme. C'est une constatation, voilà tout. La formule de l'attraction n'est pas une théorie : c'est l'énoncé d'un fait. De même la sélection naturelle est l'énoncé d'un fait.

Dans le règne des êtres vivants, l'hypothèse d'une tendance à la vie, d'un *effort* vers un maximum et un optimum de vie, est acceptable. Elle ouvre un champ plus vaste à l'investigation scientifique. On comprend mieux le sens profond de la vie ; l'évolution vers un état meilleur ; le progrès en un mot :

le progrès biologique d'abord, puis le progrès moral qui lui est corrélatif. Le monde vivant tend au mieux, comme les sociétés humaines. Sous le mécanisme mathématico-chimico-physique qui nous gouverne, nous sentons planer vaguement comme une idée directrice, — l'expression est de Claude Bernard. — Cette idée directrice, nous sommes hors d'état de la comprendre, pauvres êtres bornés que nous sommes; pourtant nous avons la notion confuse qu'elle existe; et ce sentiment nous engage à chercher et à expérimenter pour la moins mal entrevoir. C'est donc une hypothèse féconde.

De plus, c'est une hypothèse justifiée; car chaque fait en avant dans les sciences biologiques montre que pour chaque organisme il existe une adaptation parfaite; pour chaque danger, une mesure préventive; pour chaque organe, une fonction régulière. Jamais la loi de la finalité ne s'est trouvée en défaut dans l'étude des êtres vivants.

Enfin c'est une hypothèse presque nécessaire; car on ne peut la remplacer par aucune autre. On peut la condamner comme téméraire; car elle n'est ni démontrée ni démontrable. Mais, quand une hypothèse est féconde, vaste, riche en conclusions scientifiques et morales, il est bon parfois de l'adopter, plutôt qu'une douloureuse et stérile négation.

SEPTIÈME ET DERNIÈRE LETTRE

LES CAUSES FINALES

Mon cher ami,

Votre réponse collective à mes précédentes lettres rapproche singulièrement nos points de vue respectifs. Vous convenez, en effet, de bonne grâce que, prises à la lettre, les expressions *volonté très arrêtée, parti pris en vue d'un résultat* dont vous vous êtes servi tout d'abord pour définir le concept de finalité, pour caractériser la nature et le mode d'opération des causes finales, risquaient d'être interprétées dans un sens anthropomorphique, dans le sens dont j'ai tenté la minutieuse critique. Vous avez employé ces expressions sans prendre garde à l'abus qu'on en pourrait faire contre votre pensée véritable. Vous n'avez réellement voulu que présenter sous une forme saisissable la tendance métaphysique et, partant, incompréhensible en soi pour l'esprit humain, néanmoins indéniable, qui influe, à titre de facteur initial et prédominant, sur la résultante morphologique des divers facteurs de la sélection naturelle, recensés par Darwin. Cette tendance est métaphysique tout comme n'importe quelle autre forme de l'énergie, mais, *quelle qu'elle puisse être,* vous vous sentez en droit d'affirmer son existence, parce que, à vos yeux, sa manifestation est simplement empirique. Elle relève de l'observation : en effet, les facteurs signalés de la sélection naturelle ne vous paraissent pas suffire à expliquer intégralement l'admirable justesse et la complexité prodigieuse des adaptations en morphologie organique, et c'est précisément l'observation des formes qui vous a révélé cette insuffisance, patente pour le physiologiste. Votre raison réclame impérieusement un facteur de plus, que vous appelez l'*effort vers la vie.*

Dans l'état présent des connaissances humaines, l'univers nous apparaît divisé en deux mondes, le matériel et le spirituel, irréductibles encore l'un à l'autre et liés néanmoins entre eux par d'innombrables relations. Il est à présumer que l'ignorance à laquelle nous condamnent leurs substrata métaphysiques est le seul abîme qui les sépare, et je voudrais appeler votre attention sur les caractères qui les rapprochent et tendent à identifier ces substrata. Votre thèse ne peut que gagner à la suppression de leur différence intrinsèque. Mais, avant tout, il importe à la valeur de ma recherche de préciser le sens des mots *énergie* et *potentiel*, car les choses qu'ils signifient en sont le pivot. Il ne s'agit point ici de leur définition mathématique en mécanique rationnelle : les mathématiques n'y visent que leur mesure, et c'est, sinon leur intime nature (car elle nous est inaccessible), du moins leurs propriétés déduites de leurs manifestations que je me borne à considérer.

La chaudière ronflante d'une locomotive au repos retient prisonnier un mouvement qui se transmettra aux roues dès qu'il sera libéré ; un grain de blé contient assurément et le modèle typique de ce végétal et l'initiative du développement qu'il prendra dès que les conditions requises de chaleur et d'humidité le détermineront ; dans un ovule humain fécondé un dépôt physico-psychique, d'où naîtront un organisme et une conscience, est prêt à renouveler l'évolution dont il a été l'aboutissement ; mais la locomotive suivra la direction des rails, le blé poussera plus ou moins droit et haut selon la qualité du sol et l'influence atmosphérique, et l'enfant tiendra plus ou moins fidèlement les promesses de son germe selon sa nourriture, son entretien et les mille accidents de la vie sociale.

Ces exemples, pris au hasard parmi une foule d'autres, m'autorisent à poser les définitions suivantes : j'entends par énergie un principe actif absolument inaccessible aux sens, par conséquent métaphysique, d'où procèdent certains événements d'ordre physique ou psychique, lesquels nous en révèlent seuls la réalité. Ils nous la révèlent, d'abord parce que, susceptibles de cesser d'exister, ils n'existent pas par eux-mêmes et donc requièrent une cause; ensuite parce qu'ils peuvent retourner à leur principe par réversion ou reproduction (dans ce cas à titre héréditaire) et par là-même indiquent ce principe sous la forme que je vais définir.

Quand l'énergie ne se manifeste par aucun des événements qu'elle demeure capable d'engendrer, je dis que ces événements y existent à l'*état potentiel* ou bien que l'énergie même est *potentielle* en ce sens qu'elle ne se développe en aucun processus. L'état potentiel est métaphysique, il nous est tout à fait impossible de nous le représenter. Dès que les événements à l'état potentiel commencent à se réaliser dans le milieu où ils se développent, ils entrent en composition avec les données qu'ils y rencontrent et s'y altèrent ou s'y compliquent, de telle sorte que tout en eux n'est pas attribuable à leur principe originel.

Quand un savant constate qu'un processus d'événements dont il attribuait le principe à une énergie spéciale peut s'expliquer de la même manière qu'un autre processus attribué jusqu'alors à une autre énergie spéciale, il les explique tous deux par deux différents modes de manifestations d'une seule et même énergie; une troisième peut être à son tour identifiée aux deux premières et ainsi de suite. Quand, par exemple, Carnot eut inauguré les recherches qui déterminèrent l'équivalent mécanique de la chaleur, quand Ampère eut démontré l'identité essentielle du magnétisme et de l'électricité, Maxwell celle de cette dernière, de la lumière et de la chaleur, il est devenu impossible de continuer à rapporter les phénomènes divers rangés sous ces diverses rubriques à autant d'agents distincts et spéciaux. On a dû reconnaître qu'ils sont déterminés dans la sensibilité humaine par des impressions, de même origine et de formes variables, affectant certains de nos nerfs sensitifs, et on les a rapportés à un principe actif unique, à une même énergie qui se développe sous différentes formes ondulatoires de l'éther, milieu d'abord purement hypothétique et dont aujourd'hui la réalité s'impose.

Cette simplification s'est toutefois heurtée à une borne encore infranchissable. Il n'est pas, du moins, encore démontré sans conteste que le principe, quel qu'il soit, de l'organisation vivante et de tous les événements soit physiques, soit psychiques, dont elle est le conditionnement, puisse être identifié à l'énergie physico-chimique, si séduisantes que soient les vues profondes de M. Le Dantec.

Je reviens à votre théorie.

Aucun savant, je crois, ne vous contestera l'existence du facteur complémentaire que vous postulez, à la seule condition peut-être de substituer au mot *effort*, dont le sens est suspect d'anthropomorphisme, le mot *tendance* dont le sens, tout à fait général, peut même être purement dynamique, et vous l'avez, d'ailleurs, employé plus d'une fois vous-même, au cours de votre article. Aucun savant, dis-je, ne vous contestera l'existence de cette tendance vers la vie, car enfin l'évolution suppose l'action, le mouvement, la mise en train de l'appareil de sélection avec ses divers ressorts. Ce n'est pas du repos que peut sortir la lutte pour la vie, et, si ce n'est pas du repos, c'est assurément d'une initiative agissant sur la matière mécaniquement et par suite dans une certaine direction. Or cette direction est antérieure aux rencontres qu'elle fait et qui la modifient, car, dans le milieu terrestre où elle les fait, elle est immédiatement déterminée par la forme problématique de l'énergie d'où elle procède et qui est le principe de la vie. Sous le nom de sélection naturelle, ces rencontres entrent forcément en composition avec elle ou, plus exactement, avec cette énergie, qui l'imprime aux matériaux plastiques de l'organisation végétale ou animale. Vous supposez cette énergie, non pas simplement formatrice, comme l'est la sélection naturelle, mais, en outre, préformatrice, parce que, avant de se manifester dans l'étendue, quand elle est encore virtuelle, autrement dit à l'état potentiel (état métaphysique, dont la valeur quantitative, sinon la qualité, a son expression en mécanique rationnelle), elle implique les conditions fondamentales que, en se déployant au dehors, elle imposera aux organismes. Ces conditions en prescrivent la structure essentielle, c'est-à-dire requise pour l'exercice des fonctions qui définissent la vie; mais, dans ces limites, elles laissent libre cours à la sélection naturelle. Ainsi le déploiement du potentiel de vie (permettez-moi cette formule abréviative) dans l'étendue peut recevoir de la sélection naturelle des orientations infiniment variées, pourvu que les rapports organiques, assurés par la structure essentielle, soient toujours respectés. En réalité, la sélection fait mieux que de les respecter : elle les sert en les compliquant. Quelle que puisse être l'influence du milieu sur l'organisation des corps vivants, leurs formes doivent avant tout être édifiées sur ce plan général; elles doivent satisfaire aux mêmes conditions premières, fondamentales, c'est-à-dire être utiles à l'assimilation et à la reproduction pendant la durée limitée de la vie, et, en outre, sans quoi ce double résultat ne serait pas réalisé, être utiles à la mise en rapport du sujet vivant avec son milieu.

Rien de ce qui précède n'est incompatible avec le déterminisme ni même avec l'ambition d'arriver à identifier l'espèce d'énergie génératrice de la vie avec l'énergie dynamique, à ramener tout organisme à un système purement mécanique, si difficile que paraisse, au premier abord et jusqu'à présent, une pareille réduction.

Du point de vue où vous vous placez et où je m'applique à vous suivre, une cause finale apparaît comme *une cause efficiente à l'état potentiel,* en ce sens que l'efficience de la cause, précisément ce qu'on nomme l'énergie (quelle qu'en soit l'espèce) prescrit dans l'état potentiel présent un processus futur. En se réalisant dans l'étendue ce processus tend donc vers un terme prédéterminé qui lui impose, à ce titre, un caractère de finalité. Avant de se réaliser, ce terme existe donc déjà ; mais comment imaginer, comment concevoir l'état qu'il affecte alors ? Vous n'êtes pas tenu de répondre à cette question, car alors sa nature est du domaine métaphysique ; il vous suffit de constater qu'il est, sous quelque forme que ce soit, prédéterminé dans l'énergie potentielle. Les philosophes finalistes ne sont pas aussi discrets : pour eux sa nature y est purement intellectuelle ; c'est pour eux à l'état d'idée qu'il y existe, et l'énergie potentielle est employée conformément à cette idée par un second facteur psychique, indispensable, par un vouloir. Tel est l'appareil complexe auquel vous aviez emprunté le symbole de votre pensée scientifique. Vrai ou faux cet appareil est d'ordre métaphysique ; il en porte le signe, qui est de ne pouvoir être représenté dans l'esprit humain que par des jugements impliquant contradiction. Je crois avoir démontré son caractère métaphysique en établissant par l'analyse qu'il implique le libre arbitre, chose irrationnelle pour l'esprit humain, et un concept antérieur à son objet, formule également irrationnelle. Aussi est-il exclu du champ de la science positive, lequel n'embrasse pas l'univers tout entier, mais n'en admet que la partie phénoménale et les lois qui la régissent. M'adressant à des savants, je me suis avec soin cantonné sur ce terrain, et vous vous y tenez naturellement avec plus de jalousie encore.

Pour bien préciser le sens et la portée de votre assertion, qui est moins une hypothèse à vos yeux qu'un jugement fondé sur l'observation, je voudrais l'éprouver sur un exemple, et je choisis celui qui me semble le plus topique, l'adaptation de l'organe visuel à représenter le monde extérieur dans la conscience du sujet vivant. Remarquons tout de suite que le toucher a le même problème à résoudre, mais qu'il est seulement le premier stade de l'évolution qui devait en fournir des solutions progressives, de plus en plus satisfaisantes, grâce à la coopération mille fois séculaire des facteurs de la sélection naturelle fournis par le milieu terrestre. Si l'on accorde que, étant donné un nombre infini de rencontres possibles apportant des modifications favorables, l'éternité peut procurer une durée suffisante à la réalisation de l'appareil organique le plus compliqué, si l'on accorde cela, il n'est pas besoin de prêter au potentiel de vie une tendance initiale à former lui-même de toutes pièces un œil au degré supérieur de complexité.

Il suffit de lui reconnaître la tendance à mettre en relation le sujet vivant avec son milieu pour qu'il puisse s'y nourrir et s'y reproduire, et certaines aptitudes requises à cet effet. Il faut évidemment que cette tendance soit accompagnée d'une irritabilité apte à évoluer et à affecter les diverses formes (tactile, visuelle, auditive, etc.) de la sensibilité nerveuse à mesure que l'organisme par la division progressive de son travail leur permettra de passer de l'état potentiel à l'état effectif. Il faut, en outre, que cette tendance soit accompagnée de l'aptitude à conserver et à transmettre les caractères accidentels successivement acquis, aptitude que suppose d'ailleurs la reproduction et qui n'est autre que l'hérédité. On conçoit que les facteurs de la sélection naturelle, après avoir tiré de l'aptitude au toucher tout ce qui pouvait servir à mettre le sujet vivant en communication avec le monde extérieur, secondent l'aptitude à la vision en lui procurant des conditions d'exercice de plus en plus favorables, et que même ils utilisent l'organe du toucher par des modifications appropriées pour en faire le point de départ où s'amorce l'organe de la vision, conformément à la loi de la moindre action. Ainsi s'opérerait, non pas la transformation du sens tactile en sens visuel, car ces deux sens paraissent irréductibles l'un à l'autre, mais une adaptation de l'organe visuel au fondement morphologique, au point d'attache que lui offre l'organe tactile en quelqu'une de ses parties.

Il résulte des remarques précédentes que, si l'adaptation de l'œil à la mise en rapport du sujet avec son milieu est d'une merveilleuse complexité, c'est à la sélection naturelle seule qu'il en faut faire honneur, et que, si cette adaptation est d'une admirable justesse, le mérite en revient uniquement à la tendance vers la vie, car c'est elle seule qui est l'arbitre de la convenance des formes à leurs fonctions organiques. Il est d'ailleurs admissible que cette convenance ne soit pas nécessairement réalisée sans aucune défectuosité, bien qu'elle le soit d'ailleurs d'une manière surprenante. Votre admiration comporte à cet égard quelque tempérament : le réquisitoire d'Helmholtz contre la confection de l'œil, pour excessif qu'il soit, vous en avertit cependant. Vous ne devez pas en être scandalisé ; car il n'y a pas de raison pour que nul accident n'empêche le parfait ajustement de la structure sélective aux indications de la tendance vers la vie. Toute la tératologie en témoigne. Sans aller jusqu'à déterminer une monstruosité, l'accident peut se borner à causer un défaut héréditaire et permanent d'adaptation de la forme à la fonction. Une variation peut être suffisamment favorable à celle-ci pour se fixer, sans pour cela lui être parfaitement, aussi bien que possible, accommodée.

Cette question m'amène à tâcher d'assigner exactement aux deux agents de la morphologie leurs parts respectives de collaboration. Si le potentiel de vie passait de la virtualité à l'effet, de la puissance à l'acte dans le milieu terrestre, sans y faire aucune rencontre qui pût altérer les directions de son développement, le processus d'organisation serait, sans doute, beaucoup simplifié ; un minimum de mécanisme serait employé au fonctionnement de la vie. A vrai dire, nous ne pouvons nous faire aucune idée précise des formes qui en sortiraient ; mais il n'en va pas ainsi. En réalité, le développement du potentiel de vie est modifié dans ses directions par ses diverses et innombrables rencontres avec les facteurs de la sélection naturelle, mais il utilise ces rencontres dans toute la mesure où elles peuvent l'amener plus efficacement à son terme, l'aider à accomplir sa fin le mieux et le plus diversement possible. Ainsi le potentiel de vie contient le plan foncier et directeur de l'évolution organique, et ce plan comporte, réduites à leur plus simple expression, à l'état, pour ainsi dire, schématique, les fonctions vitales essentielles tendant à réaliser leurs organes de toutes les manières possibles par les moyens que leur offre le milieu où elles se développent, se compliquent et se divisent.

La fonction fait l'organe, disent les physiologistes. Par cette formule concise ils entendent que le fonctionnement de l'organe en favorise l'adaptation à la fonction même. Pour les darwinistes ce fait s'explique par la sélection naturelle. En effet, ce qu'ils appellent adaptation de l'organe à la fonction, de l'œil à la vision, par exemple, c'est la rencontre d'une structure qui permet la vision. Si l'œil voit, ce n'est pas parce qu'il a été construit afin de voir, mais parce qu'une forme s'est rencontrée qui prêtait à la détermination d'un tel phénomène. La constance des conditions que se trouve remplir cette forme pour le déterminer la constitue organe de la vision. Dans la lutte pour l'existence, si cet organe n'est pas suffisamment adapté à sa fonction, l'animal est voué à disparaître ; mais s'il subsiste, c'est qu'il a triomphé dans cette lutte par une adaptation visuelle assez exacte pour le servir et le protéger. Il s'ensuit que, pour expliquer le perfectionnement de l'organe, il est superflu d'adjoindre aux facteurs de la sélection naturelle un facteur supplémentaire affecté spécialement à diriger l'évolution de la forme ; ils suffisent à la perfectionner. On conçoit, dans cette théorie, que le fonctionnement de l'organe apte à la vision l'y rende plus apte encore, car, pour l'organe, fonctionner, c'est entrer en relation avec son milieu; c'est donc provoquer la concurrence vitale. Or il n'a pu, puisque l'animal subsiste, que bénéficier des variations accidentelles auxquelles il s'est exposé.

Cette théorie malheureusement pèche par la base : les facteurs de la sélection doivent de pouvoir perfectionner l'organe au facteur complémentaire qui seul l'a préalablement créé. Assurément l'organe s'adapte à son milieu, mais la raison d'être de cette adaptation est sa primordiale adaptation à la fonction ; la sélection naturelle n'aurait jamais eu lieu de commencer si aucune donnée organique ne lui eût préalablement fourni cette même raison d'être, sans laquelle non plus elle n'aurait pas poursuivi son œuvre.

Aussi, pour que les facteurs de la sélection naturelle pussent suffire à l'évolution intégrale des formes vivantes, faudrait-il qu'ils eussent en eux de quoi fournir une tendance à organiser la vie, et par suite fournir le principe même de la vie ; il faudrait donc que les facteurs physico-chimiques offerts à l'organe par son milieu pour sa structure fussent des composantes dont ce principe et cette tendance seraient la résultante ; mais il n'est pas encore démontré sans conteste que ce désidératum soit rempli. Ce que vous avez appelé *l'effort vers la vie*, cette forme spéciale de l'énergie, n'est pas là ; il n'est du moins pas certain qu'elle y soit. Elle est donc requise jusqu'à nouvel ordre pour compléter l'œuvre des facteurs de l'évolution, pour diriger la part d'organisation qui est de leur ressort, et cette espèce d'énergie, à l'état potentiel, cause efficiente de la vie, implique un thème fonctionnel préexistant à la formation des organes et aussi une tendance à les former. La sélection naturelle vient faire sur ce thème toutes les variations que le milieu lui permet.

Dans cette théorie, qui, si je ne me trompe, est l'expression de votre pensée logiquement interprétée, on considère donc la fonction comme antérieure à l'organe, et par là on pose le concept de finalité ; mais concevoir ainsi la finalité, ce n'est nullement prétendre que l'énergie potentielle implique une idée anthropomorphique de la fin, c'est-à-dire de la fonction, avant l'existence de l'organe qui fonctionne, ni que sa tendance à réaliser cette fin soit une volonté de la réaliser. On laisse, au contraire, tout à fait indéterminée la nature de la relation qui subordonne l'efficience de la cause, l'énergie, à la fin vers laquelle elle tend. Cette relation, dans l'acte humain, est bien celle d'un vouloir à un concept ; mais transportées de la sphère psychique dans celle de l'énergie organisatrice, cause initiale de toute l'évolution des formes vivantes, les deux fonctions cérébrales nommées *intelligence* et *volonté*, ou bien n'y sont pas de mise, ou bien, métaphysiques déjà dans leur substratum humain, deviennent, s'il est possible, plus métaphysiques encore dans le substratum de cette cause plus lointaine, de sorte que tenter de les y suivre sous les altérations qu'elles y subissent serait continuer à imposer les mêmes noms à des choses qui deviennent progressivement différentes et méconnaissables. J'espère éclaircir cette question plus loin.

Si l'on objectait qu'on ne peut se faire aucune idée d'une fonction antérieure à son organe et que même cette antériorité implique contradiction, il n'y aurait pas lieu de s'en émouvoir, car, je l'ai déjà dit, le signe même d'une donnée métaphysique, c'est de ne pouvoir se traduire dans l'esprit humain que par une proposition contradictoire : Kant l'a démontré en établissant ses antinomies, qu'Étienne Vacherot, dans son magistral ouvrage *La métaphysique positive*, n'a pas réussi sans conteste à réduire, et j'en citerai d'autres également irréductibles.

Il s'ensuit que si l'on vous chicanait sur la syllabe *pré* du mot *pré*formatrice appliqué à l'énergie qui organise les corps vivants, et qu'on prétendît en tirer toutes les conséquences et vous ramener par là aux concepts précis de la préméditation et du vouloir, vous seriez en droit de répondre que toute ratiocination humaine sur une donnée métaphysique est vouée à des conclusions non pertinentes et contradictoires. C'est ma propre conviction, que toujours davantage corrobore une épreuve de plus en plus attentive des données métaphysiques.

Enfin, M. Le Dantec cite certains cas où la présomption de finalité conduirait à l'erreur. Cette objection, que j'ai reproduite, est un coup droit contre votre thèse ; je ne pouvais me dispenser de la signaler. Mais faut-il conclure de ces cas exceptionnels que la présomption de finalité en soit infirmée pour tous les cas possibles ? Certes, s'il était prouvé que les chances de nuire au progrès de la science par ce moyen sont plus ou, même seulement, aussi nombreuses que celles de l'en faire bénéficier, il y aurait lieu de le condamner. Mais ce sont, au contraire, les chances de bénéfice qui sont incomparablement plus nombreuses que les autres ; vous pouvez donc user d'une telle ressource avec sécurité. Il suffit que le risque de vous tromper soit moindre que la probabilité d'acquérir une connaissance. C'est un pari que vous faites, mais les chances de gain sont immenses et l'enjeu est la vérité. Dans les sciences, toute recherche, même la plus méthodique, relève, en partie, du hasard ; même en mathématiques, car toujours la recherche y précède la démonstration.

Le sens que vous prêtez au mot *finalité* équivaut-il au sens que lui assignent les philosophes créateurs de l'expression *causes finales,* dont vous vous êtes vous-même servi ? Assurément non. Vous leur abandonnez entière la question de la cause finale telle qu'ils l'entendent. En effet, votre concept de finalité, c'est, comme je vous l'ai signalé plus haut, celui de la cause efficiente à l'état potentiel, et rien de plus. Dans cet état la cause efficiente implique présentement le dernier terme de son développement futur dans l'étendue, c'est-à-dire la fin où elle tend déjà ; et dès lors vous pouvez, sans compromettre le déterminisme admis par tous vos confrères et par vous-même, prétendre qu'une présomption très vraisemblable de cette fin ne saurait qu'être avantageuse à la science positive en permettant de diriger sans tâtonnements l'observation du processus déterminé par la cause efficiente. Les philosophes, au contraire, ne considèrent cette dernière que comme l'instrument d'une autre cause, de celle qu'ils appellent *finale*, c'est-à-dire d'une idée préconçue qui dispose d'une cause efficiente pour être mise à exécution. La différence entre les deux hypothèses est radicale.

Il n'en était que plus dangereux pour la clarté de votre exposé dogmatique de prêter à la confusion de deux points de vue si opposés en usant du langage propre à l'un pour définir l'autre. Aussi cette façon symbolique dont vous avez présenté votre pensée risquait-elle d'en fausser l'intelligence dans l'esprit du lecteur ; elle m'a induit en erreur, je vous ai pris au mot, j'étais excusable. Je ne saurais regretter une méprise qui m'a procuré l'occasion d'analyser les données d'un important problème de philosophie naturelle.

Avant de clore cette lettre, qui sera la dernière, je

voudrais par esprit d'équité faire pour les philosophes finalistes ce que j'ai tenté de faire pour vous ; je voudrais m'appliquer à entrer le plus avant possible et de mon mieux dans leur pensée, et, si je le peux, dégager de leur doctrine quelque notion inattaquable et utile. Si l'on parvenait à bannir du facteur intellectuel qui en est le fondement tout caractère anthropomorphique, il se pourrait qu'elle devînt beaucoup plus difficile à réfuter et se rapprochât beaucoup de la vôtre.

C'est donc sur la transformation de ce facteur que va se porter l'effort de mon analyse. Plus deviennent inférieurs les degrés que nous considérons sur l'échelle des organismes, plus il nous est difficile de nous représenter leur mentalité. Nous nous imaginons approximativement celle d'un chien, assez bien encore celle d'un perroquet, moins nettement celle d'une couleuvre ou d'une mouche, assez mal celle d'une carpe, très obscurément celle d'un ténia ; nous ne savons rien de celle du zoophyte qui, placé à la limite du règne animal et du règne végétal, participe de l'un et de l'autre. A ce point de la bifurcation des deux règnes, nous sommes avertis du rôle que joue la mentalité dans l'évolution terrestre : il nous semble que la fonction cérébrale trouve sa raison d'être pour les animaux dans la nécessité où ils sont de suppléer par elle au défaut de communication immédiate de leur organisme avec le sol d'où dépend leur nourriture. La racine dispense la plante de penser pour subsister[1]. Mais l'énergie organisatrice de la vie végétale, et, à plus forte raison, de la vie animale jouit-elle de la même franchise ? Et si elle ne peut s'affranchir de penser dans la plante pour en conserver le type et en gouverner la croissance, et, en général, dans tout le processus de l'évolution organique, pour en déterminer la direction initiale et la maintenir dans la trajectoire si variable qu'il engendre, comment pense-t-elle ? Ce n'est assurément pas comme nous. Certains actes nous permettent de constater, sans que nous puissions nous la représenter, la transformation progressive de la mentalité dans l'évolution universelle. J'en citerai les frappants exemples qui suivent.

Ce qui est capable, si peu que ce soit, de conscience n'est à coup sûr pas matériel. La matière est essentiellement inconsciente ; c'est son caractère fondamental. Un état mental inconscient participe donc de ce caractère ; tel est le premier degré qui rapproche le psychique du physique. Or il y a plus d'un état mental inconscient : toutes les perceptions sensibles et toutes les idées générales ou abstraites passées à l'état mnémonique, à l'état de souvenirs latents, sont inconscientes. Le sont également toutes

1. La locomotion n'est pas refusée à tous les types du règne végétal (fleur de tan, algues unicellulaires), mais la fixité est bien le caractère général des végétaux.

les passions latentes que peuvent réveiller des souvenirs ou des rencontres ; toutes les volitions qui déterminent nos actes habituels le sont aussi. Elles le sont même dans certains actes qui ne sont point passés à l'état d'habitude. On oublie, en causant, la volonté qu'on apporte à gravir une côte ; l'attention est d'autant plus inconsciente qu'elle s'attache davantage à son objet : plus on écoute, moins on a conscience qu'on est attentif.

Le degré où le psychique se rapproche le plus du physique, au point d'en être indiscernable, est celui dont l'exemple nous est fourni par l'effort musculaire. Remarquons que l'effort est psychique aussi bien dans le déploiement de la force musculaire que dans l'attention, car dans le premier cas comme dans le second il suppose l'exercice de la volonté. Or, dans le premier cas, la volonté communique avec l'énergie mécanique par une initiative à la fois volontaire et dynamique. Il faut, en effet, que cette initiative soit d'ordre dynamique, sinon il ne pourrait rien y avoir en elle qui lui permît d'établir la communication de la volonté avec l'énergie musculaire. Au point et au moment où elle entre en relation avec celle-ci, le psychique devient indiscernable du physique.

Le phénomène si subtil de l'*expression* offre un exemple aussi remarquable d'identification du physique et du psychique ; il est impossible de les discerner l'un de l'autre dans la physionomie d'un homme qui rit ou qui pleure. Le facteur psychique s'y trouve intimement confondu avec le facteur physique ; ils y sont deux caractères absolument identiques. Le langage, né de l'observation spontanée, en fait foi ; on dit : *profondeur, élévation* de la pensée, *largeur, hauteur* des vues intellectuelles, jugement *ferme*, raisonnement *solide*, et aussi douleur morale *profonde, aiguë*. Les qualificatifs dans *sombre* tristesse, *noir* chagrin, *amer* regret, ne sont pas à citer ici, parce qu'ils n'expriment pas le monde extérieur et ne sont pas objectifs ; ils n'ont de caractères identiques et par là expressifs qu'avec les qualités purement subjectives des sensations.

Entre les deux degrés extrêmes de l'assimilation du psychique et du physique, l'on en pourrait relever d'autres qui en marquent les étapes :

1° Ce qu'on appelle le *champ visuel* est de l'étendue à deux dimensions à l'état psychique ; seul le concours du toucher et de la vision permet d'interpréter la dégradation des tons comme signe de la troisième dimension et de localiser l'horizon. L'étendue visuelle représente l'étendue objective, l'espace, et cependant, si elle s'y localisait, elle y tiendrait toute en un point, et le point n'est pas étendu. Étrange contradiction imposée à l'esprit humain par la métaphysique.

2° J'ai signalé le cas de l'énergie mécanique à

l'état d'énergie volontaire ; la première existe, en outre, à l'état mental, dans l'idée que l'esprit en forme. Ce qui pense n'est certainement pas identique à ce qui fait graviter les corps, et néanmoins, dans l'idée d'un corps qui tombe, il faut bien que la pesanteur soit représentée. Or, comment le peut-elle être, sinon par un similaire psychique où elle soit intégralement reconnaissable ? Ce similaire ne saurait être simplement la pesanteur atténuée, car, d'une part, elle ne serait point alors passée à l'état psychique, et, d'autre part, un poids d'un kilogramme, par exemple, devrait être représenté par un poids atténué, c'est-à-dire par un moindre poids, conséquence contraire à la définition même de la représentation. Comment donc la pesanteur, telle qu'elle est dans les corps, devient-elle ce qui la représente dans la pensée ? C'est le mystère le plus déconcertant pour l'esprit humain ; mais cette transfiguration n'en est pas moins réelle comme l'idée même de la pesanteur. Cette réalité est métaphysique ; nous ne devons donc pas nous étonner qu'elle ne puisse être formulée dans l'entendement de l'homme que par une proposition contradictoire. C'est à l'état phénoménal, et non potentiel, que le physique et le psychique nous semblent irréductibles l'un à l'autre. Si nous pouvions nous identifier au substratum commun du psychique et du physique, nous saisirions immédiatement leur unité et nos concepts incompatibles se résoudraient en intuition.

Il y a donc dans la formation de l'idée de force passage de l'état physique à l'état mental. Dans ce processus qui commence par une impression mécanique sur le nerf sensitif afférent au toucher et finit par la représentation psychique de cette impression, il n'y a pas de solution de continuité. Remarquons que toutes les sensations sont déterminées par une impression dynamique d'origine physique ou chimique, et doivent en participer ; c'est ce qui leur permet d'être *expressives* du monde extérieur, mais, excepté la sensation tactile, elles ne sont pas intégralement dynamiques. Le son, la couleur, l'odeur, la saveur sont dynamiques seulement par leur intensité et leur vivacité ; ces sensations ne le sont point par leurs qualités spécifiques, par celles qui distinguent chacune des autres.

3° Tout processus dérivant d'un état passionnel qui détermine le vouloir à susciter et diriger un acte de la force musculaire atteste l'identification du psychique et du physique, car il est composé de données psychiques et de données physiques en communication les unes avec les autres dans un certain ordre. Les psychologues physiologistes et les psychologues de l'ancienne école (qui ne se renseignent que par l'introspection) ne sont pas d'accord sur cet ordre[1]; mais, quel qu'il soit, la commu-

1. Les psychologues-physiologistes pensent que tous les

nication entre le psychique et le physique demeure un fait indéniable et prouve que la nature de l'un n'est pas entièrement différente de celle de l'autre.

4° Les actes voulus que, tout d'abord, a déterminés une délibération consciente, comme la marche, et qui, ensuite, sont devenus *habituels;*

5° Les actes dits *instinctifs,* souvent très compliqués et savants, comme la construction d'une ruche d'abeilles, accomplis sans hésitation, mais qui probablement ont dû être réfléchis à l'origine et devenus habituels à la longue, car, si l'habitude est contrariée par quelque obstacle, l'animal modifie son plan de structure et l'adapte à l'obstacle ;

6° Les mouvements réflexes protecteurs, comme

faits psychiques sont conditionnés par des faits physiques et que dans un processus physico-psychique les premiers ne forment pas avec les seconds une seule et même chaîne dont ils seraient des anneaux au même titre; ils pensent que les seconds forment seuls une chaîne d'où les premiers sont exclus; les faits psychiques sont seulement surajoutés, en dehors d'elle, aux anneaux physiques dont elle est uniquement composée. Ce ne sont, en un mot, à leurs yeux, que des *épiphénomènes*, des phénomènes qui n'ont qu'une seule attache dans le déterminisme universel.

Les psychologues de l'ancienne école pensent, au contraire, que le processus physico-psychique représente une seule et même chaîne où les faits psychiques alternent avec les faits physiques à titre d'anneaux comme eux, et peuvent les déterminer. Quand, par exemple, un père pâlit à la nouvelle soudaine de la mort de son fils, il leur semble impossible de concevoir comment l'anémie faciale pourrait précéder la surprise douloureuse qu'elle révèle et la déterminer. La subordination du physique au psychique leur paraît non moins évidente dans le processus de la volition déterminant l'action musculaire.

celui de la paupière, quand l'œil est menacé d'une atteinte par un projectile;

7° Les orientations des branches d'une plante portée à diriger son feuillage vers la lumière; a-t-on fourni une explication purement mécanique et satisfaisante de ce phénomène? je l'ignore[1].

Ces divers exemples (et l'on en pourrait, sans doute, produire plusieurs autres) suffisent à faire beaucoup réfléchir sur la nature de la pensée.

Dans les exemples 4° et 5°, où l'habitude est en cause, la mentalité n'est pas abolie; elle est devenue inconsciente, et le vouloir, qui lui sert à communiquer avec la force musculaire, agit inconsciemment comme elle, sans être non plus supprimé. Les actes habituels, en effet, souvent très compliqués, ne sont pas purement mécaniques, bien qu'automatiques; ils ne sont pas assimilables à des résultantes de mouvements combinés, comme le sont, par exemple, *les effets*, au billard. Quand je marche en méditant, sans me tromper de chemin, aucun de mes pas n'est une résultante de directions et une somme de vitesses, car la vitesse et la direction de ma marche présente sont indépendantes de celles de mes marches antérieures; et quand j'ai appris à marcher, les facteurs direction et vitesse étaient conditionnés uniquement par ma pensée et ma volonté conscientes. Mais, s'il en est ainsi, qu'est-ce que peut bien être une idée

1. Je cite cet exemple sous toutes réserves.

inconsciente, comme celle qui dirige mes pas par l'intermédiaire de ma volonté? Une pareille idée, si inconcevable qu'en soit la nature, existe cependant; sa réalité est si peu contestable que son type nous est fourni dans le souvenir latent, sujet à réviviscence. Une idée à l'état de souvenir latent est un fait identique à celui que nous examinons, un fait réel qui nous oblige à reconnaître que la conscience n'est pas essentielle à la pensée. Nous touchons là au moment critique d'une transformation capitale qui nous semble contradictoire, parce qu'elle est d'ordre métaphysique, mais n'en est pas moins réelle, et cette transformation nous procure une ouverture sur le concours de l'intelligence à la genèse universelle, à condition de prêter au mot *intelligence* un sens catégorique, beaucoup plus étendu que celui qui nous est fourni par la conscience humaine, et de nous résigner à ne pas comprendre ce sens d'une manière adéquate, à ne pas voir distinctement ce que nous dénommons. Qu'est-ce sinon la pensée inconsciente, reconnue, non plus comme cérébration humaine, mais comme fonction de l'énergie potentielle primordiale génératrice de tout le monde phénoménal (pensée plus inaccessible encore à notre intuition, et soustraite à toute définition en tant que genre premier), qui détermine, chez les animaux, au moyen de la forme musculaire, les réflexes protecteurs? Qu'est-ce sinon elle qui, dans les deux derniers exemples cités plus haut, provoque l'abaissement de la paupière dans l'intérêt de la vision et peut-être, au moyen de la force organique propre à la végétation, oriente le feuillage dans l'intérêt de celle-ci? Cette pensée inconsciente, requise pour distinguer du simple mouvement mécanique le mouvement réflexe et lui conférer son caractère spécial physiologique, induit enfin à attribuer un sens de même ordre aux mots *irritabilité*, *excitabilité*. Ce qui correspond à ces mots est, en effet, le caractère fondamental de la vie organique. Vous sentez que la réaction de la substance vivante à une impression physico-chimique (mécanique en dernière analyse) diffère d'une simple communication de mouvement, telle que celle du choc; dans nombre de cas la direction prise par le mouvement provoqué suffirait à vous en avertir. Quelque chose qui n'est aucune forme de l'énergie mécanique intervient, confisque l'impression et en modifie l'effet purement mécanique; ce facteur est encore la pensée inconsciente.

Une telle pensée participe à la fois du monde psychique, à titre de phénomène d'ordre intellectuel, et du monde mécanique, à titre de phénomène inconscient. Dans la région des phénomènes ces deux caractères paraissent irréductibles, mais l'observation la plus simple oblige à reconnaître que, à une profondeur impénétrable pour l'esprit humain, ils ont un substratum commun : il suffit de remuer un doigt. N'est-il pas évident qu'il y a quelque chose de commun à la pensée et à la force, puisque, en ce moment même, j'écris ce que je pense, ce qui serait impossible évidemment s'il existait un abîme entre l'acte mental et l'acte musculaire. Rien de plus incontestable que la proposition suivante : quand deux choses communiquent, elles ont quelques chose de commun. Il y a plus : pour la même raison la distinction de la masse et de la force n'est irréductible que dans la région des phénomènes où leurs effets seuls tombent sous les sens, de sorte que, de proche en proche on arrive à constater que la distinction de la masse[1] et de la pensée n'est irréductible que dans leurs manifestations phénoménales, qu'elle est superficielle et seulement apparente.

Si les conséquences précédemment déduites de données tout expérimentales sont rigoureuses, il n'y aurait donc qu'un même substratum foncier à tous les événements, soit psychiques, soit physico-chimiques (mécaniques). La querelle interminable entre les spiritualistes et les matérialistes perdrait sa raison d'être et prendrait fin. Elle durera aussi

1. On appelle masse en mécanique rationnelle le rapport entre les forces et les accélérations qu'elles impriment à un corps. C'est l'expression mathématique de ce que j'appelle ici la masse. J'entends par ce mot le substratum métaphysique révélé par ce fait qu'il peut y avoir variation de la vitesse, la force demeurant constante, ou variation de la force sans que la vitesse varie.

longtemps qu'elle demeurera sur le terrain des phénomènes, parce que des deux côtés on conclut de la différence irréductible de ceux-ci à la distinction de leurs substrata. On ne considère pas la conjonction empiriquement constatée de leurs processus respectifs au point où ils procèdent l'un et l'autre de leur substratum commun, de l'être métaphysique appelé la *substance* par les philosophes. Peu importe le nom : c'est ce en quoi diffère du néant ce qui est *éternel* dans l'univers, et il faut bien qu'il y subsiste quelque chose d'éternel, puisqu'on ne peut concevoir son total anéantissement. Ce qui est éternel, ne pouvant pas ne pas exister, existe *nécessairement;* ce qui est nécessaire, n'existant d'ailleurs par le secours d'aucune autre chose que soi, ne dépend que de soi, c'est-à-dire porte en soi toutes ses conditions d'existence et par là même est *absolu;* en outre, ce qui est absolu ne comporte pas de limite, car ce qui le limiterait le conditionnerait; c'est donc quelque chose d'infini. Ces diverses propriétés (*attributs,* disent les philosophes) de l'objet métaphysique se déduisent de la première, de l'impossibilité pour l'univers d'être totalement anéanti; au surplus, de n'importe laquelle se déduisent toutes les autres.

Remarquez, je vous prie, que l'esprit humain qui les déduit ne saurait former une idée adéquate d'aucune d'elles, car il est dépassé par chacune. Aussi n'essaie-t-il pas de les comprendre ; il se contente de les définir par négation, en supprimant de ce qu'il comprend ce qui le lui rend compréhensible, la mesure qui le met à sa portée. Il définit l'éternel ce qui n'a *ni* commencement *ni* fin ; le nécessaire ce qui *ne* peut pas *ne* pas être ; l'absolu ce qui *n*'est pas conditionné, l'*in*fini. Quand il raisonne, comme je l'ai fait plus haut, sur l'une quelconque de ces prémisses négatives, il raisonne donc sur ce qu'il ne comprend pas ; il peut néanmoins raisonner juste (comme le fait par exemple, un algébriste sur une formule compliquée de géométrie analytique sans avoir à se représenter les rapports spatiaux qu'elle symbolise), mais forcément les conclusions lui sont aussi incompréhensibles que les prémisses, c'est-à-dire que, ou bien elles n'offrent à son aperception rien de distinct, ou bien elles paraissent impliquer contradiction. Telle est l'alternative que crée à la pensée humaine toute spéculation logique sur une donnée métaphysique.

Pardonnez-moi cette digression qui n'aura pas été superflue si elle a pu éclaircir mes précédentes assertions touchant la caractéristique des données métaphysiques, à savoir l'impossibilité pour l'esprit humain de les formuler sans contradiction implicite, dès qu'il leur prête un sens. Elle pourra aussi servir à ne pas s'étonner que le sens très clair d'une donnée empirique telle que l'intelligence humaine, par exemple, aille toujours en s'obscurcissant à mesure qu'elle occupe un degré plus profond dans l'abîme métaphysique.

Au voisinage du degré où s'opère la bifurcation des phénomènes psychiques et des phénomènes physico-chimiques dans leur commum substratum, ces deux ordres d'événements tendent à se confondre en se rapprochant et en même temps deviennent, de part et d'autre, méconnaissables pour nous. Mais, en revanche, leur confusion n'est pas sans avantage : au moment où elle s'effectue, le spiritualisme et le matérialisme cessent d'être en conflit. Dès lors la thèse des philosophes finalistes semble pouvoir se concilier avec la vôtre, qui, présentée telle que vous l'avez réellement conçue, est scientifique. Le processus psycho-physique impliqué dans la cause finale, telle qu'ils la définissent, y préexiste à l'état virtuel, c'est-à-dire qu'il n'existe encore que sous une forme métaphysique dans le principe inconnaissable, source commune de tous les processus. Le processus psychique y est donc, sous cette forme, indiscernable du processus psychique à l'état virtuel, dont la forme y est la même. C'est l'énergie potentielle initiale, dans toute sa complexité interne, qui constitue ce principe de l'évolution universelle.

Dans le miroir de l'esprit humain la raison organisatrice de la vie est à la raison de l'homme ce que le combat des espèces est à sa morale. Renonçons à la téméraire tentative d'appliquer notre jugement à des matières qui échappent à sa compétence.

Sans parti pris de ma part, mes conclusions militent en faveur du monisme. Plus j'étudie, plus j'y verse.

Je terminerai cette lettre par une définition dont toute sa teneur m'a conduit à constater l'utilité. Puisque l'esprit humain est exposé à former des concepts ou formuler des jugements contradictoires, sur des choses qui n'en existent pas moins, et par suite à en nier faussement la réalité, il importe au plus haut degré de définir exactement ce qui distingue ces choses de celles où il ne court pas ce risque, où il peut concevoir et raisonner en toute sécurité, c'est-à-dire ce qui distingue les données métaphysiques des données qui sont de son ressort. Si cette distinction n'était pas possible à faire sûrement, le principe de contradiction, fondement de la logique, serait fallacieux et aucune connaissance qui en dérive ne serait certaine. La règle pour ce discernement est la suivante : est métaphysique toute donnée reconnue inaccessible soit aux sens, soit à la conscience, soit à l'observation externe, soit à l'observation interne. Cette règle du même coup assigne leur objet aux sciences positives ; une science n'est positive qu'à la condition de ne viser que des rapports. Nous entendons cependant les savants parler de *substratum*, de *matière*, d'*atomes*, de *molécules*, d'*énergie*. de *forces*, etc., mais il n'en faudrait pas pour autant [illegible]er qu'ils font de la métaphysique. Il n'y a pas de [illegible]orts sans termes et les termes en sont tous directement ou indirectement métaphysiques. Ils le sont indirectement dans l'expression algébrique $\frac{ab}{cd}$ par exemple, qui représente un rapport fractionnaire dont les termes sont eux-mêmes des rapports (de multiplication) ; mais les signes a b c d représentent, en dernière analyse, des mesures de données concrètes dont la nature intime est métaphysique. Pourvu que les savants se bornent à constater l'*existence* de ces données sans spéculer sur leur nature intime, ils demeurent fidèles à l'esprit scientifique. S'il en est ainsi vous n'avez pas plus fait de métaphysique en introduisant le concept de finalité, tel que je l'ai interprété, dans la trame des phénomènes en physiologie, que le physicien en parlant de la pesanteur ou le chimiste en parlant de l'affinité, car l'état potentiel est un fait, quel qu'en soit le substratum.

Je ne prétends pas avoir démontré suffisamment, dans cette dernière lettre, toutes les assertions que j'y émets. Je me suis contenté de vous soumettre des aperçus ; il en est qu'il faudrait approfondir et discuter avec beaucoup plus de soin pour en tirer des notions tout à fait précises et certaines. Ce sont de simples indications dont une recherche méthodique pourrait tirer parti. Je vous livre ces pages avec l'espoir qu'elles confirment votre thèse sous la forme irréprochable que vous lui donnez dans votre précédent exposé.

TABLE DES MATIÈRES

ÉVREUX, IMPRIMERIE DE CHARLES HÉRISSEY

FÉLIX ALCAN, ÉDITEUR
108, BOULEVARD SAINT-GERMAIN, PARIS, 6e

Bibliothèque de Philosophie contemporaine

EXTRAIT DU CATALOGUE

MÉTAPHYSIQUE

BERGSON, de l'Institut, professeur au Collège de France. — **Sur les données immédiates de la conscience.** 3e édit. 1 vol. in-8. . . . . 3 fr. 75

— **Matière et mémoire.** *Essai sur le rapport du corps à l'esprit.* 1 vol. in-8. . . . . 5 fr. »

CARUS (P.). — **Le problème de la conscience du moi.** 1 vol. in-18, traduit de l'anglais par A. MONOD. . . . . 2 fr. 50

CONTA (Basile). — **Le fondement de la métaphysique,** traduit du roumain par M. TESCANU. 1 vol. in-18. . . . . 2 fr. 50

FONSEGRIVE, professeur au lycée Buffon. — **La causalité efficiente.** 1 vol. in-12. . . . . 2 fr. 50

— **Essai sur le libre arbitre.** *Théorie, histoire.* 2e édition. 1 vol. in-8 . . . . 10 fr. »

FOUILLÉE (Alf.), de l'Institut. — **L'avenir de la métaphysique fondée sur l'expérience.** 1 vol. in-8. . . . . . . 5 fr. »

— **La liberté et le déterminisme.** 9e édit. 1 vol. in-8. 7 fr. 50

LECLÈRE, docteur ès lettres. — **Essai critique sur le droit d'affirmer.** 1 vol. in-8. . . . . 5 fr. »

LIARD (L.), de l'Institut, directeur de l'Enseignement supérieur au ministère de l'Instruction publique. — **La science positive et la métaphysique.** 4e édit. 1 vol. in-8. 7 fr. 50

PIAT (Abbé C.), agrégé de philosophie, professeur à l'École des Carmes. — **Destinée de l'homme.** 1 vol. in-8. . . 5 fr. »

RENOUVIER, de l'Institut. — **Les dilemmes de la métaphysique pure.** 1 vol. in-8 . . . . 5 fr. »

— **Histoire et solution des problèmes métaphysiques.** 1 vol. in-8. . . . . 7 fr. 50

SCHOPENHAUER. — **Le libre arbitre,** traduit par M. S. REINACH. 7e édit. 1 vol. in-18. . . . . 2 fr. 50

SPENCER (Herbert). — **Premiers principes,** trad. par M. CAZELLES. 9e édit. 1 vol. in-8 . . . . 10 fr. »

THOUVEREZ (Émile), chargé de cours à l'Université de Toulouse. — **Le réalisme métaphysique.** 1 vol. in-8. 5 fr. »

PHILOSOPHIE SCIENTIFIQUE

BOIRAC (Émile), recteur de l'Académie de Grenoble. — L'idée de phénomène. 1 vol. in-8. . . . . 5 fr. »

BOURDEAU (Louis). — Le problème de la mort et ses solutions imaginaires, 3e édit. 1 vol. in-8. . . . . . . 5 fr. »

— Le problème de la vie. *Essai de sociologie générale.* 1 vol. in-8. . . . . 7 fr. 50

BOUTROUX (Ém.), de l'Institut, professeur à la Sorbonne. — De la contingence des lois de la nature. 4e édition. 1 vol. in-18 . . . . 2 fr. 50

CONTA (Basile). — Théorie de l'ondulation universelle. *Essai sur l'évolution.* 1 vol. in-8. . . . . 3 fr. 75

GOBLOT (E.), professeur à l'Université de Caen. — Essai de classification des sciences. 1 vol. in-8. . . . . . . 5 fr. »

GUYAU. — La genèse de l'idée de temps. 1 vol. in-18. 2 fr. 50

HANNEQUIN (H.), professeur à l'Université de Lyon. — Essai critique sur l'hypothèse des atomes dans la science contemporaine. 2e édit. 1 vol. in-8. . . . . 7 fr. 50

HARTMANN (E. de). — Le Darwinisme. 6e édition. 1 vol. in-18 . . . . 2 fr. 50

LE DANTEC, chargé de cours à la Sorbonne. — Le déterminisme biologique et la personnalité consciente. 1 volume in-18 . . . . 2 fr. 50

— L'individualité et l'erreur individualiste. 1 volume in-18 . . . . 2 fr. 50

— Lamarckiens et Darwiniens. 1 vol. in-18. . . . 2 fr. 50

LIARD, de l'Institut, directeur de l'enseignement supérieur au ministère de l'Instruction publique. — Des définitions géométriques et des définitions empiriques. 2e édit. 1 vol. in-18 . . . . 2 fr. 50

— La science positive et la métaphysique. 3e édit. 1 vol. in-8. . . . . 7 fr. 50

MARTIN (F.), professeur au Lycée Saint-Louis. — La perception extérieure et la science positive. *Essai de philosophie des sciences.* 1 vol. in-8. . . . . 5 fr. »

SPENCER (Herbert). — Classification des sciences. 6e édit. 1 vol. in-18. . . . . 2 fr. 50

— Principes de biologie. 2e édit. 2 vol. in-8. . . . 20 fr. »

— Essais scientifiques. 3e édit. 1 vol. in-8. . . . . 7 fr. 50

VIANNA DE LIMA. — L'homme selon le transformisme. 1 vol. in-18 . . . . 2 fr. 50

Juillet 1901

FÉLIX ALCAN, ÉDITEUR

ANCIENNE LIBRAIRIE GERMER BAILLIÈRE ET Cie

108, Boulevard Saint-Germain, 108, Paris, 6e.

EXTRAIT DU CATALOGUE

SCIENCES — MÉDECINE — HISTOIRE — PHILOSOPHIE

BIBLIOTHÈQUE SCIENTIFIQUE INTERNATIONALE

Volumes in-8 en élégant cartonnage anglais. — Prix : 6 fr.

95 VOLUMES PARUS

1. J. TYNDALL. **Les glaciers et les transformations de l'eau,** 7e éd., illustré.
2. W. BAGEHOT. **Lois scientifiques du développement des nations,** 6e édition.
3. J. MAREY. **La machine animale,** locomotion terrestre et aérienne, 6e édition, illustré.
4. A. BAIN. **L'esprit et le corps considérés au point de vue de leurs relations,** 6e édition.
5. PETTIGREW. **La locomotion chez les animaux,** 2e éd., ill.
6. HERBERT SPENCER. **Introd. à la science sociale,** 12e édit.
7. OSCAR SCHMIDT. **Descendance et darwinisme,** 6e édition.
8. H. MAUDSLEY. **Le crime et la folie,** 7e édition.
9. VAN BENEDEN. **Les commensaux et les parasites dans le règne animal,** 4e édition, illustré.
10. BALFOUR STEWART. **La conservation de l'énergie,** 6e éd., illustré.
11. DRAPER. **Les conflits de la science et de la religion,** 10e éd.
12. LÉON DUMONT. **Théorie scientifique de la sensibilité,** 4e éd.
13. SCHUTZENBERGER. **Les fermentations,** 6e édition, illustré.
14. WHITNEY. **La vie du langage,** 4e édition.
15. COOKE et BERKELEY. **Les champignons,** 4e éd., illustré.
16. BERNSTEIN. **Les sens,** 5e édition, illustré.
17. BERTHELOT. **La synthèse chimique,** 8e édition.
18. NIEWENGLOWSKI. **La photographie et la photochimie,** illustré.
19. LUYS. **Le cerveau et ses fonctions,** 7e édition, illustré.
20. W. STANLEY JEVONS. **La monnaie et le mécanisme de l'échange,** 5e édition.
21. FUCHS. **Les volcans et les tremblements de terre,** 5e éd.
22. GÉNÉRAL BRIALMONT. **La défense des États et les camps retranchés,** 3e édition, avec fig. (épuisé).
23. A. DE QUATREFAGES. **L'espèce humaine,** 13e édition.
24. BLASERNA et HELMHOLTZ. **Le son et la musique,** 5e éd.
25. ROSENTHAL. **Les muscles et les nerfs,** 3e édition (épuisé).

26. BRUCKE et HELMHOLTZ. **Principes scientifiques des beaux-arts**, 4e édition, illustré.
27. WURTZ. **La théorie atomique**, 8e édition.
28-29. SECCHI (Le Père). **Les étoiles**, 3e édition, illustré.
30. N. JOLY. **L'homme avant les métaux**, 4e édit. (épuisé).
31. A. BAIN. **La science de l'éducation**, 4e édition.
32-33. THURSTON. **Histoire de la machine à vapeur**. 3e éd.
34. R. HARTMANN. **Les peuples de l'Afrique**, 2e édit. (épuisé).
35. HERBERT SPENCER. **Les bases de la morale évolutionniste**, 7e édition.
36. TH.-H. HUXLEY. **L'écrevisse**, introduction à l'étude de la zoologie, 2e édition, illustré.
37. DE ROBERTY. **La sociologie**, 3e édition.
38. O.-N. ROOD. **Théorie scientifique des couleurs et leurs applications à l'art et à l'industrie**, 2e édition, illustré.
39. DE SAPORTA et MARION. **L'évolution du règne végétal.** *Les cryptogames*, illustré.
40-41. CHARLTON-BASTIAN. **Le cerveau et la pensée**. 2e éd. 2 vol. illustrés.
42. JAMES SULLY. **Les illusions des sens et de l'esprit**, 3e éd., ill.
43. YOUNG. **Le Soleil**, illustré (*épuisé*).
44. A. DE CANDOLLE. **Origine des plantes cultivées**, 4e édit.
45-46. J. LUBBOCK. **Les Fourmis, les Abeilles et les Guêpes.** 2 vol. illustrés (épuisés).
47. ED. PERRIER. **La philos. zoologique avant Darwin**, 3e éd.
48. STALLO. **La matière et la physique moderne**, 3e édition.
49. MANTEGAZZA. **La physionomie et l'expression des sentiments**, 3e édit., illustré avec 8 pl. hors texte.
50. DE MEYER. **Les organes de la parole**, illustré.
51. DE LANESSAN. **Introduction à la botanique.** *Le sapin.* 2e édit., illustré.
52-53. DE SAPORTA et MARION. **L'évolution du règne végétal.** *Les phanérogames.* 2 volumes illustrés.
54. TROUESSART. **Les microbes, les ferments et les moisissures**, 2e éd., illustré.
55. HARTMANN. **Les singes anthropoïdes**, illustré.
56. SCHMIDT. **Les mammifères dans leurs rapports avec leurs ancêtres géologiques**, illustré.
57. BINET et FÉRÉ. **Le magnétisme animal**, 4e éd., illustré.
58-59. ROMANES. **L'intelligence des animaux.** 2 vol., 2e éd.
60. F. LAGRANGE. **Physiologie des exercices du corps.** 7e éd.
61. DREYFUS. **L'évolution des mondes et des sociétés.** 3e éd.
62. DAUBRÉE. **Les régions invisibles du globe et des espaces célestes**, illustré, 2e édition.
63-64. SIR JOHN LUBBOCK. **L'homme préhistorique.** 4e édition, 2 volumes illustrés.
65. RICHET (Ch.). **La chaleur animale**, illustré.
66. FALSAN. **La période glaciaire**, illustré (épuisé).
67. BEAUNIS. **Les sensations internes.**
68. CARTAILHAC. **La France préhistorique**, illustré. 2e éd.
69. BERTHELOT. **La révolution chimique, Lavoisier**, illustré.
70. SIR JOHN LUBBOCK. **Les sens et l'instinct chez les animaux**, illustré.

71. STARCKE. La famille primitive.
72. ARLOING. Les virus, illustré.
73. TOPINARD. L'homme dans la nature, illustré.
74. BINET. Les altérations de la personnalité.
75. A. DE QUATREFAGES. Darwin et ses précurseurs français. 2e éd.
76. LEFEVRE. Les races et les langues.
77-78. A. DE QUATREFAGES. Les émules de Darwin. 2 vol.
79. BRUNACHE. Le centre de l'Afrique, autour du Tchad, illustré.
80. A. ANGOT. Les aurores polaires, illustré.
81. JACCARD. Le pétrole, l'asphalte et le bitume, illustré.
82. STANISLAS MEUNIER. La géologie comparée, illustré.
83. LE DANTEC. Théorie nouvelle de la vie, illustré. 2e éd.
84. DE LANESSAN. Principes de colonisation.
85. DEMOOR, MASSART et VANDERVELDE. L'évolution régressive en biologie et en sociologie, illustré.
86. G. DE MORTILLET. Formation de la nation française, 2e édition, illustré.
87. G. ROCHÉ. La culture des mers en Europe. (*Piscifacture, pisciculture, ostréiculture*), illustré.
88. J. COSTANTIN. Les végétaux et les milieux cosmiques. (*Adaptation, évolution*), illustré.
89. LE DANTEC. Evolution individuelle et hérédité.
90. E. GUIGNET et E. GARNIER. La céramique ancienne et moderne, illustré.
91. E.-M. GELLÉ. L'audition et ses organes, illustré.
92. STANISLAS MEUNIER. La géologie expérimentale, ill.
93. J. COSTANTIN. La nature tropicale, illustré.
94. E. GROSSE. Les débuts de l'art, illustré.
95. J. GRASSET. Les maladies de l'orientation et de l'équilibre, illustré.

COLLECTION MÉDICALE

ÉLÉGANTS VOLUMES IN-12, CARTONNÉS A L'ANGLAISE, A 4 ET A 3 FRANCS

Le Phtisique et son traitement hygiénique, par le Dr E.-P. Léon-Petit, médecin de l'hôpital d'Ormesson, avec 20 gravures. 2e éd. (*Couronné par l'Académie de médecine.*) 4 fr.
Hygiène de l'alimentation dans l'état de santé et de maladie, par le Dr J. Laumonier, avec gravures. 2e éd. 4 fr.
L'alimentation des nouveau-nés. *Hygiène de l'allaitement artificiel*, par le Dr S. Icard, avec 60 gravures, 2e édit. (*Couronné par l'Académie de médecine.*) 4 fr.
La mort réelle et la mort apparente, diagnostic et traitement de la mort apparente, par le Dr S. Icard, avec gravures. 4 fr.
L'hygiène sexuelle et ses conséquences morales, par le Dr S. Ribbing, prof. à l'Univ. de Lund (Suède). 2e édit. 4 fr.
Hygiène de l'exercice chez les enfants et les jeunes gens, par le Dr F. Lagrange, lauréat de l'Institut. 7e édit. 4 fr.
De l'exercice chez les adultes, par le même. 4e édition. 4 fr.

Hygiène des gens nerveux, par le Dr LEVILLAIN. 4e édition, avec gravures. 4 fr.

L'idiotie. *Psychologie et éducation de l'idiot*, par le Dr J. VOISIN, médecin de la Salpêtrière, avec gravures. 4 fr.

La famille névropathique, *Hérédité, prédisposition morbide, dégénérescence*, par le Dr CH. FÉRÉ, médecin de Bicêtre, avec gravures. 2e éd. 4 fr.

L'éducation physique de la jeunesse, par A. MOSSO, profess. à l'Univers. de Turin. Préface du Commandant LEGROS. 4 fr.

Manuel de percussion et d'auscultation, par le Dr P. SIMON, professeur à la Faculté de médecine de Nancy, avec grav. 4 fr.

Éléments d'anatomie et de physiologie génitales et obstétricales, par le Dr A. POZZI, professeur à l'école de médecine de Reims, avec 219 gravures. 4 fr.

Manuel théorique et pratique d'accouchements, par le Dr A. POZZI, avec 138 gravures. 3e édition. 4 fr.

Le traitement des aliénés dans les familles, par le Dr FÉRÉ, médecin de Bicêtre. 2e édition. 3 fr.

Morphinisme et Morphinomanie, par le Dr PAUL RODET. (*Couronné par l'Académie de médecine.*) 4 fr.

La fatigue et l'entraînement physique, par le Dr PH. TISSIÉ, avec gravures, préface de M. le prof. BOUCHARD. 4 fr.

Les maladies de la vessie et de l'urèthre chez la femme, par le Dr KOLISCHER, trad. de l'allemand par le Dr BEUTTNER, de Genève, avec gravures. 4 fr.

L'idiotie, par le Dr J. VOISIN, avec gravures. 4 fr.

L'éducation rationnelle de la volonté, son emploi thérapeutique, par le Dr PAUL-EMILE LÉVY, préface de M. le prof. BERNHEIM. 2e édition. 4 fr.

L'instinct sexuel. *Évolution, dissolution*, par le Dr CH. FÉRÉ, médecin de Bicêtre. 4 fr.

La profession médicale. *Ses devoirs, ses droits*, par le Dr G. MORACHE, professeur de médecine légale à l'Université de Bordeaux. 4 fr.

L'hystérie et son traitement, par le Dr PAUL SOLLIER. 4 fr.

COURS DE MÉDECINE OPÉRATOIRE
de M. le Professeur Félix Terrier.

Petit manuel d'antisepsie et d'asepsie chirurgicales, par les Drs FÉLIX TERRIER, professeur à la Faculté de médecine de Paris, et M. PÉRAIRE, ancien interne des hôpitaux, avec grav. 3 fr.

Petit manuel d'anesthésie chirurgicale, par les mêmes, avec 37 gravures. 3 fr.

L'opération du trépan, par les mêmes, avec 222 grav. 4 fr.

Chirurgie de la face, par les Drs FÉLIX TERRIER, GUILLEMAIN et MALHERBE, avec gravures. 4 fr.

Chirurgie du cou, par les mêmes, avec gravures. 4 fr.

Chirurgie du cœur et du péricarde, par les Drs FÉLIX TERRIER et E. RAYMOND, avec 70 gravures 3 fr.

Chirurgie de la plèvre et du poumon, par les mêmes, avec 67 figures. 4 fr.

MÉDECINE

Extrait du catalogue, par ordre de spécialités.

A. — Pathologie et thérapeutique médicales.

AXENFELD ET HUCHARD. **Traité des névroses.** 2e édition, par HENRI HUCHARD. 1 fort vol. gr. in-8. 20 fr.

BOUCHUT ET DESPRÉS. **Dictionnaire de médecine et de thérapeutique médicales et chirurgicales,** comprenant le résumé de la médecine et de la chirurgie, 6e édition, très augmentée. 1 vol. in-4, avec 1001 fig. dans le texte et 3 cartes. Br. 25 fr.; relié. 30 fr.

CORNIL ET BABÈS. **Les bactéries et leur rôle dans l'anatomie et l'histologie pathologiques des maladies infectieuses.** 2 vol. in-8, avec 350 fig. dans le texte en noir et en couleurs et 12 pl. hors texte, 3e éd. entièrement refondue, 1890. 40 fr.

DAVID. **Les microbes de la bouche.** 1 vol. in-8 avec gravures en noir et en couleurs dans le texte. 10 fr.

DUCKWORTH (Sir Dyce). **La goutte,** son traitement. Trad. de l'anglais par le Dr RODET. 1 vol. gr. in-8 avec gr. dans le texte. 10 fr.

FÉRÉ (Ch.). **Les épilepsies et les épileptiques.** 1 vol. gr. in-8 avec 12 planches hors texte et 67 grav. dans le texte. 1890. 20 fr.

FÉRÉ (Ch.). **La pathologie des émotions.** In-8. 1893. 12 fr.

FINGER (E.). **La blennorrhagie et ses complications.** 1 vol. gr. in-8 avec 36 grav. et 7 pl. hors texte. Traduit de l'allemand par le docteur HOGGE. 1894. 12 fr.

FINGER (E.). **La syphilis et les maladies vénériennes,** trad. de l'all. avec notes par les Drs SPILLMANN et DOYON. 1 vol. in-8, avec 5 planches hors texte. 2e édit. 1900. 12 fr.

FLEURY (Maurice de). **Introduction à la médecine de l'esprit,** 1 volume in-8. 6e éd. 1900. 7 fr. 50

— **Les grands symptômes neurasthéniques.** 1 vol. grand in-8 avec 32 gravures, 1901. 7 fr. 50

GLÉNARD. **Les ptoses viscérales** (Estomac, Intestin, Reins, Foie, Rate). 1 vol. gr. in-8, avec 224 fig. et 30 tableaux synoptiques. 20 fr.

HERARD, CORNIL ET HANOT. **De la phtisie pulmonaire.** 1 vol. in-8, avec fig. dans le texte et pl. coloriées. 2e éd. 20 fr.

ICARD (S.). **La femme pendant la période menstruelle,** Étude de psychologie morbide et de médecine légale. In-8. 6 fr.

JANET (P.) ET RAYMOND (F.). **Névroses et idées fixes.**
Tome I, par P. JANET. 1 vol. in-8 avec 92 gr. 12 fr.
Tome II, par F. RAYMOND et P. JANET. in-8 avec 97 grav. 14 fr.

LAGRANGE (F.). **Les mouvements méthodiques et la « mécanothérapie ».** 1 vol. in-8 avec 55 grav. dans le texte. 10 fr.

RILLIET ET BARTHEZ. **Traité clinique et pratique des maladies des enfants.** 3e édit., refondue et augmentée, par BARTHEZ et A. SANNÉ. Tome I, 1 fort vol. gr. in-8. 16 fr. Tome II. 1 fort vol. gr. in-8. 14 fr. Tome III terminant l'ouvrage, 1 fort vol. gr. in-8. 25 fr.

SOLLIER (Paul). **Genèse et nature de l'hystérie,** 2 forts vol. in-8. 1897. 20 fr.
VOISIN (J.). **L'épilepsie,** 1 vol. in-8. 1896. 6 fr.

B. — Pathologie et thérapeutique chirurgicales.

BOVIS (de). **Le cancer du gros intestin,** *rectum excepté.* 1 vol. in-8. 5 fr.

Congrès français de chirurgie. Mémoires et discussions, publiés par MM. Pozzi et Picqué, secrétaires généraux :
1re, 2e et 3e sessions : 1885, 1886, 1888, 3 forts vol. gr. in-8, avec fig., chacun, 14 fr. — 4e session : 1889, 1 fort vol. gr. in-8, avec fig., 16 fr. — 5e session : 1891, 1 fort vol. gr. in-8, avec fig., 14 fr. — 6e session : 1892, 1 fort vol. gr. in-8, avec fig. 16 fr. — 7e session : 1893, 1 fort vol. gr. in-8, 18 fr. — 8e, 9e, 10e, 11e 12e et 13e sessions (1894-95-96-97-98-99), chacune. 20 fr.

DELORME. **Traité de chirurgie de guerre.** 2 vol. gr. in-8.
Tome I, avec 95 grav. dans le texte et 1 pl. hors texte. 16 fr.
Tome II, terminant l'ouvrage, avec 400 grav. dans le texte 26 fr.
Ouvrage couronné par l'Académie des sciences.

JAMAIN ET TERRIER. **Manuel de pathologie et de clinique chirurgicales.** 3e édition. Tome I, 1 fort vol. in-18. 8 fr. — Tome II, 1 vol. in-18. 8 fr. — Tome III, avec la collaboration de MM. Broca et Hartmann, 1 vol. in-18. 8 fr. — Tome IV, avec la collaboration de MM. Broca et Hartmann, 1 vol. in-18. 8 fr.

LABADIE-LAGRAVE et LEGUEU. **Traité médico-chirurgical de gynécologie,** 2e éd. 1901. In-8 avec grav., cart. à l'angl.. 25 fr.

LIEBREICH. **Atlas d'ophtalmoscopie,** représentant l'état normal et les modifications pathologiques du fond de l'œil vues à l'ophtalmoscope. 3e édition, atlas in-f° de 12 planches. 40 fr.

MALGAIGNE ET LE FORT. **Manuel de médecine opératoire.** 9e édit. 2 vol. gr. in-18, avec nombreuses fig. dans le texte. 16 fr.

NIMIER ET DESPAGNET. **Traité élémentaire d'ophtalmologie.** 1 fort vol. gr. in-8, avec 432 gr. Cart. à l'angl. 1894. 20 fr.

NIMIER ET LAVAL. **Les projectiles de guerre** et leur action vulnérante. 1 vol. in-12 avec grav. 3 fr.

— **Les explosifs, les poudres, les projectiles d'exercice,** leur action et leurs effets vulnérants. in-12 avec grav. 3 fr.

— **Les armes blanches,** leur action et leurs effets vulnérants. 1 vol. in-12, avec gravures. 6 fr.

— **De l'infection en chirurgie d'armée,** évolution des blessures de guerre. 1 vol. in-12 avec gravures. 1901. 6 fr.

— **Traitement des blessures de guerre.** 1 vol. in-12 avec 52 gravures. 1901. 6 fr.

TERRIER. **Éléments de pathologie chirurgicale générale.**
1er fascicule : *Lésions traumatiques et leurs complications.* 1 vol. in-8. 7 fr.
2e fascicule : *Complications des lésions traumatiques. Lésions inflammatoires.* 1 vol. in-8. 6 fr.

TERRIER et AUVRAY. **Chirurgie du foie et des voies biliaires.** — *Traumatismes du foie et des voies biliaires. — Foie mobile. — Tumeurs du foie et des voies biliaires.* 1 vol. grand in-8 avec 50 gravures. 1901. 10 fr.

TERRIER et PÉRAIRE. **Petite chirurgie de Jamain.** 8ᵉ édit. entièrement refondue. 1901, 1 fort vol. in-12 avec 572 gravures, cartonné à l'anglaise. 8 fr.

C. — Thérapeutique. Pharmacie. Hygiène.

BOSSU. **Petit compendium médical.** 1 vol. in-32, 7ᵉ édit., cart. à l'anglaise. 1 fr. 25

BOUCHARDAT (A. et G.). **Nouveau formulaire magistral**, précédé d'une Notice sur les hôpitaux de Paris, de généralités sur l'art de formuler, suivi d'un Précis sur les eaux minérales naturelles et artificielles, d'un Mémorial thérapeutique, de notions sur l'emploi des contrepoisons et sur les secours à donner aux empoisonnés et aux asphyxiés. 1900, 32ᵉ édition, revue et corrigée. 1 vol. in-18, broché, 3 fr. 50; cartonné, 4 fr.; relié. 4 fr. 50

BOUCHARDAT ET DESOUBRY. **Formulaire vétérinaire**, contenant le mode d'action, l'emploi et les doses des médicaments. 5ᵉ édit. 1 vol. in-18, br. 3 fr. 50, cart. 4 fr., relié. 4 fr. 50

LAGRANGE (F.). **La médication par l'exercice.** 1 vol. grand in-8, avec 68 gravures et une carte. 1894. 12 fr.

WEBER. **Climatothérapie**, traduit de l'allemand par les docteurs DOYON et SPILLMANN. 1 vol. in-8. 1886. 6 fr.

D. — Anatomie. Physiologie. Histologie.

BELZUNG. **Anatomie et physiologie végétales.** 1 fort volume in-8 avec 1700 gravures. 20 fr.

— **Anatomie et physiologie animales.** 1 fort volume in-8 avec 522 gravures dans le texte. 8ᵉ éd., revue. 6 fr., cart. 7 fr.

CORNIL, RANVIER, BRAULT ET LETULLE. **Manuel d'histologie pathologique**, 3ᵉ éd. refondue. 4 vol. in-8, avec nombreuses fig. dans le texte. T. I, avec 369 grav. en noir et en couleurs. 25 fr.

L'ouvrage complet comprendra 4 volumes.

DEBIERRE. **Traité élémentaire d'anatomie de l'homme.** Anatomie descriptive et dissection, avec notions d'organogénie et d'embryologie générales. Ouvrage complet en 2 volumes. 40 fr.

Tome I, *Manuel de l'amphithéâtre*, 1 vol. in-8 de 950 pages avec 450 figures en noir et en couleurs dans le texte. 1890. 20 fr.

Tome II et dernier : 1 vol. in-8 avec 515 figures en noir et en couleurs dans le texte. 20 fr.

Ouvrage couronné par l'Académie des sciences.

FAU. **Anatomie des formes du corps humain**, à l'usage des peintres et des sculpteurs. 1 atlas in-folio de 25 planches. Prix : fig. noires, 15 fr. — Fig. coloriées. 30 fr.

LABORDE. **Les tractions rythmées de la langue**, traitement physiologique de la mort. 1 vol. in-12. 2ᵉ éd. 1897. 5 fr.

MINISTRES ET HOMMES D'ÉTAT

Volumes in-16 à 2 fr. 50

Bismarck, par HENRI WELSCHINGER.
Prim, par H. LÉONARDON.
Disraeli, par M. COURCELLE.

BIBLIOTHÈQUE GÉNÉRALE DES SCIENCES SOCIALES

SECRÉTAIRE DE LA RÉDACTION

DICK MAY, Secrétaire général de l'École des Hautes Études sociales.

Volumes in-8° carré de 300 pages environ, cartonnés à l'anglaise.
Chaque volume, 6 fr.

L'individualisation de la peine, par R. Saleilles, professeur à la Faculté de droit de l'Université de Paris.
L'idéalisme social, par Eugène Fournière, député.
Ouvriers du temps passé (xv° et xvi° siècles), par H. Hauser, professeur à l'Université de Clermont-Ferrand.
Les transformations du pouvoir, par G. Tarde, de l'Institut, professeur au Collège de France.
Morale sociale. Leçons professées au Collège des sciences sociales par MM. G. Belot, Marcel Bernès, Brunschvicg, F. Buisson, Darlu, Dauriac, Delbet, Ch. Gide, M. Kovalevsky, Malapert, le R. P. Maumus, de Roberty, G. Sorel, le Pasteur Wagner. Préface de M. Émile Boutroux, de l'Institut.
Les enquêtes, *pratique et théorie*, par P. du Maroussem. (*Ouvrage couronné par l'Institut.*)
Questions de morale, leçons professées à l'École de morale, par MM. Belot, Bernès, F. Buisson, A. Croiset, Darlu, Delbos, Fournière, Malapert, Moch, D. Parodi, G. Sorel.
Le développement du catholicisme social, depuis l'encyclique *Rerum Novarum*, par Max Turmann.
Le socialisme sans doctrines (La question ouvrière et agraire en Australie et Nouvelle-Zélande), par A. Métin, agrégé de l'Université.
L'éducation morale dans l'Université (*Enseignement secondaire*). Conférences et discussions sous la présidence de M. A. Croiset, doyen de la Faculté des lettres de l'Université de Paris. (*École des hautes études sociales*, 1900-1901).
La méthode historique appliquée aux sciences sociales, par Ch. Seignobos, maître de conf. à l'Univ. de Paris.
Assistance sociale, *pauvres et mendiants,* par Paul Strauss, sénateur.

BIBLIOTHÈQUE D'HISTOIRE CONTEMPORAINE

Volumes in-18 et in-8

EUROPE

Histoire de l'Europe pendant la Révolution française, par *H. de Sybel*. Traduit de l'allemand par Mlle Dosquet. 6 vol. in-8 . . 42 fr.
Histoire diplomatique de l'Europe, de 1815 a 1878, par *Debidour*. 2 vol. in-8. . . . . 18 fr.
La Question d'Orient, depuis ses origines jusqu'à nos jours, par *E. Driault*, préface de *G. Monod*. 1 vol. in-8. 2e édit. . . . . 7 fr.

FRANCE

La Révolution française, par *H. Carnot*. 1 vol. in-18. Nouv. édit. 3 50
Le culte de la raison et le culte de l'Être suprême (1793-1794). Étude historique par *Aulard*, 1 vol. in-18. . . . . 3 50
Études et leçons sur la Révolution française, par *Aulard*. 2 vol. in-18. Chacun. 3 50
Variétés révolutionnaires, par *M. Pellet*, 3 vol. in-18, chacun 3 50
Les campagnes des armées françaises (1792-1815), par *C. Vallaux*. 1 vol. in-12. . . . . 3 fr. 50
Napoléon et la société de son temps, par *P. Bondois*. 1 vol. in-8. 7 fr.
Histoire de la Restauration, par *de Rochau*. 1 vol. in-18. . . . 3 50
Histoire de dix ans, par *Louis Blanc*. 5 vol. in-8. . . . . 25 fr.
Histoire du second empire (1848-1870), par *Taxile Delord*. 6 vol. in-8. 42 fr.
Histoire du parti républicain (1814-1870), par *G. Weill*. 1 v. in-8. 10 fr.
Histoire de la troisième république par *E. Zevort* :
I. *Présidence de M. Thiers*. 1 vol. in-8. 2e édit. . . . . . 7 fr.
II. *Présidence du Maréchal*. 1 vol. in-8. 2e édit. . . . . . 7 fr.
III. *Présidence de Jules Grévy*. 1 vol. in-8. . . . . 7 fr.
IV. *Présidence de Sadi-Carnot*. 1 vol. in-8. . . . . 7 fr.
Histoire de la liberté de conscience en France (1595-1870), par *G. Bonet-Maury*, 1 vol. in-8. . . . . 5 fr.
Les civilisations tunisiennes (Musulmans, Israélites, Européens), par *Paul Lapie*. 1 vol. in-8. . . . . 3 fr. 50
Histoire parlementaire de la deuxième république, par *Eug. Spuller*, 1 vol. in-18, 2e édit. 3 50
La France politique et sociale, par *Aug. Laugel*. 1 vol. in-8. 5 fr.
Histoire des rapports de l'Église et de l'État en France (1789-1870), par *A. Debidour*. 1 vol. in-8 . . . . 12 fr.
Les Colonies françaises, par *P. Gaffarel*. 1 vol. in-8, 6e éd. . . 5 fr.
La France hors de France. *De notre émigration*, par *J.-B. Piolet*, s. j. 1 vol. in-8. . . . . 10 fr.
L'Indo-Chine française, étude économique, politique et administrative sur *la Cochinchine, le Cambodge, l'Annam* et *le Tonkin* (médaille Dupleix de la Société de Géographie commerciale), par *J.-L. de Lanessan*. 1 vol. in-8, avec 5 cartes en couleurs. . . . . 15 fr.
L'Algérie, par *M. Wahl*. 1 vol. in-8, 3e édition. Ouvrage couronné par l'Institut. . . . . 5 fr.

ANGLETERRE

Histoire contemporaine de l'Angleterre, depuis la mort de la reine Anne jusqu'à nos jours, par *H. Reynald*. 1 vol. in-18, 2e éd. . 3 50
Lord Palmerston et lord Russel, par *Aug. Laugel*. 1 vol. in-18. 3 50
Le socialisme en Angleterre, par *Albert Métin*. 1 vol. in-18. 3 50

ALLEMAGNE

Histoire de la Prusse, depuis la mort de Frédéric II jusqu'à la bataille de Sadowa, par *Eug. Véron*. 1 vol. in-18. 6e éd. revue par *Paul Bondois*. 3 50
Histoire de l'Allemagne, depuis la bataille de Sadowa jusqu'à nos jours, par *Eug. Véron*. 1 vol. in-18, 3e éd. continuée jusqu'en 1892, par *Paul Bondois* 3 50
Le socialisme allemand et le nihilisme russe, par *J. Bourdeau*. 1 vol. in-18. 2e édition. 3 50
Les origines du socialisme d'État en Allemagne, par *Ch. Andler*. 1 vol. in-8. . . . . 7 fr.
L'Allemagne nouvelle et ses historiens. *Niebuhr, Ranke, Mommsen, Sybel, Treitschke*, par *A. Guilland*. 1 vol. in-8. . . . . 5 fr.

AUTRICHE-HONGRIE

HISTOIRE DE L'AUTRICHE, depuis la mort de Marie-Thérèse jusqu'à nos jours, par *L. Asseline*. 1 vol. in-18. 3e éd. 3 50
LES TCHÈQUES ET LA BOHÊME CONTEMPORAINE, par *J. Bourlier*. 1 vol. in-18. . . . . 3 50
LES RACES ET LES NATIONALITÉS EN AUTRICHE-HONGRIE, par *B. Auerbach*. 1 vol. in-8. . . . . 5 fr.

ESPAGNE

HISTOIRE DE L'ESPAGNE, depuis la mort de Charles III jusqu'à nos jours, par *H. Reynald*. 1 vol. in-18 . . . . 3 50

RUSSIE

HISTOIRE CONTEMPORAINE DE LA RUSSIE, depuis la mort de Paul Ier jusqu'à l'avènement de Nicolas II, par *M. Créhange*. 1 vol. in-18, 2e éd. 3 50

SUISSE

HISTOIRE DU PEUPLE SUISSE, par *Daendliker*, précédée d'une Introduction par *Jules Favre*. 1 vol. in-8. . . . . 5 fr.

AMÉRIQUE

HISTOIRE DE L'AMÉRIQUE DU SUD, par *Alf. Deberle*. 1 vol. in-18, 3e éd., revue par *A. Milhaud*. 1897. . . . . 3 50

ITALIE

HISTOIRE DE L'UNITÉ ITALIENNE (1815-1870), par *Bolton King*. Traduit de l'anglais par Macquart, introduction de *Yves Guyot*. 2 vol. in-8. 15 fr.
HISTOIRE DE L'ITALIE, depuis 1815 jusqu'à la mort de Victor-Emmanuel, par *E. Sorin*. 1 vol. in-18 . . . . 3 50
BONAPARTE ET LES RÉPUBLIQUES ITALIENNES (1796-1799), par *P. Gaffarel*, 1 vol. in-8 . . . . 5 fr.

ROUMANIE

HISTOIRE DE LA ROUMANIE CONTEMPORAINE (1822-1900), par *F. Damé*. 1 vol. in-8. . . . . 7 fr.

GRÈCE et TURQUIE

LA TURQUIE ET L'HELLÉNISME CONTEMPORAIN, par *V. Bérard*. 1 vol. in-18. 4e éd. *Ouvrage couronné par l'Académie française*. 3 50
BONAPARTE ET LES ILES IONIENNES (1797-1816), par *E. Rodocanachi*. 1 vol. in-8. . . . . 5 fr.

CHINE

HISTOIRE DES RELATIONS DE LA CHINE AVEC LES PUISSANCES OCCIDENTALES (1860-1900), par *H. Cordier*. T. I. 1861-1875. 1 vol. in-8, 10 fr. — T. II. 1876-1900. 1 vol. in-8, 10 fr. (*Paraîtra en octobre 1901.*)
EN CHINE. Mœurs et institutions — Hommes et faits, par *Maurice Courant*. 1 vol. in-16 . . . . 3 50
LE DRAME CHINOIS (1900), par *Marcel Monnier*. 1 vol. in-16. . . . 2 50

E. Driault. LES PROBLÈMES POLITIQUES ET SOCIAUX A LA FIN DU XIXe SIÈCLE. 1 vol. in-8. 7 fr.
Jules Barni. HISTOIRE DES IDÉES MORALES ET POLITIQUES EN FRANCE AU XVIIIe SIÈCLE. 2 vol. in-18, chaque volume 3 50
— LES MORALISTES FRANÇAIS AU XVIIIe SIÈCLE. 1 vol. in-18. . . . 3 50
E. de Laveleye. LE SOCIALISME CONTEMPORAIN. 1 volume in-18, 11e édition, augmentée. 3 50
E. Despois. LE VANDALISME RÉVOLUTIONNAIRE. 1 vol. in-18. 2e éd. 3 50
Eug. Spuller. FIGURES DISPARUES, portraits contemporains, littéraires et politiques. 3 vol. in-18, chaque vol. 3 50
Eug. Spuller. L'ÉDUCATION DE LA DÉMOCRATIE. 1 vol. in-18. . 3 50
Eug. Spuller. L'ÉVOLUTION POLITIQUE ET SOCIALE DE L'ÉGLISE. 1 vol. in-18. . . . . 3 50
G. Schefer. BERNADOTTE ROI (1810-1818-1844). 1 vol. in-8. . 5 fr.
C. Guéroult. LE CENTENAIRE DE 1789. Évolution politique, philos. artistique et scientifique de l'Europe depuis cent ans. In-18. . 3 50

Joseph Reinach. PAGES RÉPUBLICAINES. 1 vol. in-18. . . . . 3 50
Hector Depasse. TRANSFORMATIONS SOCIALES. 1 vol. in-18 . . 3 50
Hector Depasse. DU TRAVAIL ET DE SES CONDITIONS, 1 vol. in-18 . . . . . 3 50
Eug. d'Eichthal. SOUVERAINETÉ DU PEUPLE ET GOUVERNEMENT, 1 vol. in-18. . . . . 3 50
G. Isambert. LA VIE A PARIS PENDANT UNE ANNÉE DE LA RÉVOLUTION (1791-1792). 1 vol. in-18. . . . . 3 50
G. Weill. L'ÉCOLE SAINT-SIMONIENNE. 1 vol. in-18 . . . . 3 50
A. Lichtenberger. LE SOCIALISME UTOPIQUE. 1 vol. in-18. . . 3 50
— LE SOCIALISME ET LA RÉVOLUTION FRANÇAISE. 1 vol. in-8. . . 5 fr.
Paul Matter. LA DISSOLUTION DES ASSEMBLÉES PARLEMENTAIRES, 1 vol. in-8. . . . . 5 fr.
J. Bourdeau. L'ÉVOLUTION DU SOCIALISME. 1 vol. in-18. . . 3 fr. 50

BIBLIOTHÈQUE DE PHILOSOPHIE CONTEMPORAINE

VOLUMES IN-12.

Br., 2 fr. 50; cart. à l'angl., 3 fr.; reliés, 4 fr.

H. Taine.
Philosophie de l'art dans les Pays-Bas. 2e édition.

Paul Janet.
Origines du socialisme contemporain. 3e éd.
La philosophie de Lamennais.

Alaux.
Philosophie de Victor Cousin.

Ad. Franck.
Philosophie du droit pénal. 4e édit.
Des rapports de la religion et de l'État. 2e édit.
La philosophie mystique en France au XVIIIe siècle.

Beaussire.
Antécédents de l'hégélianisme dans la philosophie française.

Charles de Rémusat.
Philosophie religieuse.

Émile Saisset.
L'âme et la vie.

Auguste Laugel.
L'Optique et les Arts.

Camille Selden.
La Musique en Allemagne.

Mariano.
La Philosophie contemp. en Italie.

Stuart Mill.
Auguste Comte et la philosophie positive. 4e édition.
L'Utilitarisme. 2e édition.

E. Faivre.
De la variabilité des espèces.

Ernest Bersot.
Libre philosophie.

Herbert Spencer.
Classification des sciences. 7e édit.
L'individu contre l'État. 5e éd.

Bertauld.
De la philosophie sociale.

Th. Ribot.
La philos. de Schopenhauer. 8e éd.
Les maladies de la mémoire. 14e éd.
Les maladies de la volonté. 15e éd.
Les maladies de la personnalité. 9e éd.
La psychologie de l'attention. 5e éd.

E. de Hartmann.
La Religion de l'avenir. 4e édition.
Le Darwinisme. 5e édition.

Schopenhauer.
Le libre arbitre. 8e édition.
Le fondement de la morale. 7e édit.
Pensées et fragments. 15e édition.

Marion.
J. Locke, sa vie, son œuvre. 2e édit.

Liard.
Les Logiciens anglais contemporains. 4e édition.
Définitions géométriques. 2e édit.

O. Schmidt.
Les sciences naturelles et la philosophie de l'Inconscient.

A. Espinas.
Philosophie expérim. en Italie.

John Lubbock.
Le bonheur de vivre. 2 vol. 5e éd.
L'emploi de la vie. 3e édit.

Maus.
La justice pénale.

A. Levy.
Mo. .eaux choisis des philos. allem.

Roisel.
De la substance.
L'idée spiritualiste. 2e édit.

Zeller.
Christ. Baur et l'école de Tubingue.

Stricker.
Du langage et de la musique.

Coste.
Les conditions sociales du bonheur et de la force. 3e édition.

Binet.
Psychologie du raisonnement. 2e éd.

G. Ballet.
Langage intérieur et aphasie. 2e éd.

Mosso.
La peur. 2e éd.
La fatigue intellect. et phys. 2e éd.

Tarde.
La criminalité comparée. 4e éd.
Les transformations du droit. 2e éd.
Les lois sociales. 2e édit.

Paulhan.
Les phénomènes affectifs. 2e édit.
J. de Maistre, sa philosophie.
Psychologie de l'invention.

Ch. Richet.
Psychologie générale. 4e éd.

Delbœuf.
Matière brute et matière vivante.

Ch. Féré.
Sensation et mouvement. 2e édit.
Dégénérescence et criminalité. 3e éd.

Vianna de Lima.
L'homme selon le transformisme.

L. Arréat.
La morale dans le drame, l'épopée et le roman. 2e édition.
Mémoire et imagination (peintres, musiciens, poètes et orateurs).
Les croyances de demain.
Dix ans de philosophie (1890-1900).

De Roberty.
L'inconnaissable.
L'agnosticisme. 2e édit.
La recherche de l'Unité.
Auguste Comte et H. Spencer. 2e éd.
Le bien et le mal.
Psychisme social.
Fondements de l'éthique.
Constitution de l'éthique.

Bertrand.
La psychologie de l'effort.

Guyau.
La genèse de l'idée de temps. 2e éd.

Lombroso.
L'anthropologie criminelle. 4e éd.
Nouvelles recherches de psychiatrie et d'anthropologie criminelle.
Les applications de l'anthropologie criminelle.

Thamin.
Éducation et positivisme. 2e éd.

Pioger.
Le monde physique.

Queyrat.
L'imagination chez l'enfant. 2e édit.
L'abstraction, son rôle dans l'éducation intellectuelle.
Les caractères et l'éducation morale.

G. Lyon.
La philosophie de Hobbes.

Wundt.
Hypnotisme et suggestion.

Fonsegrive.
La causalité efficiente.

Carus.
La conscience du moi.

G. de Greef.
Les lois sociologiques. 2e édit.

Th. Ziegler.
La question sociale est une question morale. 2e éd.

G. Danville.
La psychologie de l'amour. 2e édit.

Gustave Le Bon.
Lois psychologiques de l'évolution des peuples 4e éd.
La psychologie des foules. 5e éd.

G. Dumas.
Les états intellectuels dans la mélancolie.

E. Durkheim.
Les règles de la méthode sociologique. 2e édit.

P.-F. Thomas.
La suggestion, son rôle dans l'éducation intellectuelle. 2e édit.
Morale et éducation.

Mario Pilo.
La psychologie du beau et de l'art.

Dunan.
Théorie psychologique de l'espace.

Lechalas.
Étude sur l'espace et le temps.

R. Allier.
Philosophie d'Ernest Renan.

Lange.
Les émotions.

G. Lefèvre.
Obligation morale et idéalisme.

C. Bouglé.
Les sciences sociales en Allemagne.

E. Boutroux.
Conting. des lois de la nature. 3e éd.

J. Lachelier.
Du fondement de l'induction. 3e éd

J.-L. de Lanessan.
Morale des philosophes chinois.

Max Nordau.
Paradoxes psychologiques. 3e éd.
Paradoxes sociologiques. 3e édit.
Psycho-physiologie du génie et du talent. 2e éd.

Marie Jaëll.
La musique et la psycho-physiologie.

G. Richard.
Le socialisme et la science sociale.

L. Dugas.
Le psittacisme et la pensée symbolique.
La timidité. 2e édit.

Fierens-Gevaert.
Essai sur l'art contemporain.
La tristesse contemporaine. 3e éd.
Psychologie d'une ville. Essai sur Bruges.

F. Le Dantec.
Le déterminisme biologique.
L'individualité et l'erreur individualiste.
Lamarckiens et darwiniens.

L. Dauriac.
La psychol. dans l'Opéra français.

A. Cresson.
La morale de Kant.

P. Regnaud.
Précis de logique évolutionniste.
Comment naissent les mythes.

E. Ferri.
Les criminels dans l'art et la littér.

Novicow.
L'avenir de la race blanche.

R. C. Herckenrath.
Probl. d'esthétique et de morale.

G. Milhaud.
Essai sur les conditions et les limites de la certitude logique.
Le Rationnel.

F. Pillon.
La philosophie de Charles Secrétan.

G. Renard.
Le régime socialiste. 2e édit.

H. Lichtenberger.
La philosophie de Nietzsche. 6e éd.
Aphorismes et fragments choisis de Nietzsche.

E. d'Eichthal.
Correspondance inédite de J. Stuart Mill avec G. d'Eichthal.
Les probl. sociaux et le socialisme.

Mme Lampérière.
Le rôle social de la femme.

M. de Fleury.
L'âme du criminel.

Ossip-Lourié.
Pensées de Tolstoï.
Philosophie de Tolstoï.
La philos. soc. dans le théât. d'Ibsen.

Lapie.
La justice par l'État.

T. Wechniakoff.
Savants, penseurs et artistes.

L. Marguery.
L'œuvre d'art et l'évolution.

Hervé Blondel.
Les approximations de la vérité.

Mauxion.
L'éducation par l'instruction et les théories pédagogiques de Herbert.

Duprat.
Les causes sociales de la folie.

Bergson.
Le rire. 2e édit.

Tanon.
L'évol. du droit et la conscience soc.

Brunschvicg.
Introduction à la vie de l'esprit.

E. Fournière.
Essai sur l'individualisme.

E. Murisier.
Les malad. du sentiment religieux.

A. Naville.
Nouvelle classification des sciences, 2e édit.

G. Palante.
Précis de sociologie.

VOLUMES IN-8

Brochés à 5, 7 50 et 10 fr.; cart. angl., 1 fr. de plus par vol.; reliure, 2 fr.

Agassiz.
De l'espèce et des classifications. 5 fr.

Stuart Mill.
Mes mémoires. 3e éd. 5 fr.
Système de logique déductive et inductive. 4e édit. 2 vol. 20 fr.
Essais sur la Religion. 4e édit. 5 fr.

Herbert Spencer.
Les premiers principes. 8e éd. 10 fr.
Principes de psychologie. 2 vol. 20 fr.
Principes de biologie. 2 vol. 20 fr.
Princip. de sociol. 4 vol. 36 fr. 25
Essais sur le progrès. 5e éd. 7 fr. 50
Essais de politique. 4e éd. 7 fr. 50

Essais scientifiques. 3e éd. 7 fr. 50
De l'éducation physique, intellectuelle et morale. 10e édit. 5 fr.
(V. *Bibl. sc. inte*..., p. 1 et 2.)

Collins.

Résumé de la phil. de H. Spencer. 3e éd. 10 fr.

Emile Saigey.

Les sciences au XVIIe siècle. La physique de Voltaire. 5 fr.

Paul Janet.

Les causes finales. 3e édit. 10 fr.
OEuvres phil. de Leibnitz. 2 vol. 20 fr.

Th. Ribot.

L'hérédité psycholog. 5e éd. 7 fr. 50
La psychologie anglaise contemporaine. 3e éd. 7 fr. 50
La psych. allem. contemp. 4e éd. 7 fr. 50
La psych. des sentim. 3e éd. 7 fr. 50
L'évolution des idées générales. 5 fr.
L'imagination créatrice. 5 fr.

Alf. Fouillée.

La liberté et le déterminisme. 7 fr. 50
Critique des systèmes de morale contemporains. 4e éd. 7 fr. 50
La morale, l'art et la religion d'après Guyau. 4e éd. 3 fr. 75
L'avenir de la métaphysique fondée sur l'expérience. 2e édit. 5 fr.
L'évolution des idées-forces. 7 fr. 50
La psych. des idées-forces. 2 vol. 15 fr.
Tempérament et caractère. 7 fr. 50
Le mouvement idéaliste. 7 fr. 50
Le mouvement positiviste. 7 fr. 50
Psych. du peuple français. 7 fr. 50
La France au p. de v. moral. 7 50

Bain (Alex.).

La logiq. induct. et déduct. 3e éd. 2 vol. 20 fr.
Les sens et l'intell. 3e édit. 10 fr.
Les émotions et la volonté. 10 fr.

Matthew Arnold.

La crise religieuse. 7 fr. 50

Flint.

La philosophie de l'histoire en Allemagne. 7 fr. 50

Liard.

La science positive et la métaphysique. 4e édit. 7 fr. 50
Descartes. 5 fr.

Guyau.

La morale angl. cont. 4e éd. 7 fr. 50
Les problèmes de l'esthétique contemporaine. 6e éd. 5 fr.
Esquisse d'une morale sans obligation ni sanction. 5e éd. 5 fr.
L'irréligion de l'avenir. 7e éd. 7 fr. 50
L'art au point de vue sociol. 7 fr. 50
Hérédité et éducation. 5e éd. 5 fr.

E. Naville.

La logique de l'hypothèse. 2e éd. 5 fr.
La physique moderne. 2e édit. 5 fr.
La définition de la philosophie. 5 fr.
Les philosophies négatives. 5 fr.

Marion.

La solidarité morale. 5e édit. 5 fr.

Schopenhauer.

Aphorisme sur la sagesse dans la vie. 6e éd. 5 fr.
La quadruple racine du principe de la raison suffisante. 5 fr.
Le monde comme volonté et représentation. 3 vol. 3e éd. 22 fr. 50

James Sully.

Le pessimisme. 2e éd. 7 fr. 50
Etudes sur l'enfance. 10 fr.

Buchner.

Science et nature. 2e édition. 7 fr. 50

Louis Ferri.

La psychologie de l'association, depuis Hobbes. 7 fr. 50

Séailles.

Ess. sur le génie dans l'art. 2e éd. 5 fr.

Preyer.

Éléments de physiologie. 5 fr.
L'âme de l'enfant. 10 fr.

Ad. Franck.

La philosophie du droit civil. 5 fr.

Clay.

L'alternative. 2e éd. 10 fr.

Bernard Perez.

Les trois premières années de l'enfant. 5e édit. 5 fr.
L'enfant de trois à sept ans. 5 fr.
L'éd. mor. dès le berceau. 4e éd. 5 fr.
L'éduc. intell. dès le berceau. 5 fr.

Lombroso.

La femme criminelle et la prostituée (en collab. avec M. Ferrero) 1 vol. in-8 avec planches. 15 fr
Le crime polit. et les révol. (en collab. avec M. Laschi). 2 vol. 15 fr.
L'homme criminel. 2 vol. avec atlas. 36 fr

Ludovic Carrau.

La philosophie religieuse en Angleterre depuis Locke. 5 fr

Sergi.

La psychologie physiologiq. 7 fr. 50

Piderit.

La mimique et la physiognomonie, avec 95 fig. 5 fr.

Fonsegrive.

Le libre arbitre. 3e éd. 10 fr.

Roberty (E. de).

L'ancienne et la nouvelle philosophie. 7 fr. 50
La philosophie du siècle. 5 fr.

Garofalo.
La criminologie. 4e édit. 7 fr. 50
La superstition socialiste. 5 fr.

G. Lyon.
L'idéalisme en Angleterre au XVIIIe siècle. 7 fr. 50

Souriau.
L'esthétique du mouvement. 5 fr.
La suggestion dans l'art. 5 fr.

Fr. Paulhan.
L'activité mentale et les éléments de l'Esprit. 10 fr.
Esprits logiques et esprits faux. 7 fr. 50

Barthélemy Saint-Hilaire.
La philosophie dans ses rapports avec les sciences et la religion. 5 fr.

Pierre Janet.
L'automatisme psychol. 3e éd. 7 fr. 50

Bergson.
Essai sur les données immédiates de la conscience. 2e édit. 3 fr. 75
Matière et mémoire. 5 fr.

E. de Laveleye.
De la propriété et de ses formes primitives. 5e édit. 10 fr.
Le gouvernement dans la démocratie. 3e éd., 2 vol. 15 fr.

Ricardou.
De l'idéal. 5 fr.

Romanes.
L'évol. ment. chez l'homme. 7 fr. 50

Pillon.
L'année philosophique. 10 vol.: 1890, 1891, 1892, 1894, 1895, 1896, 1897, 1898, 1899, 1900. Séparém. 5 fr.

Brunschvicg.
Spinoza. 3 fr. 75
La modalité du jugement 5 fr.

Picavet.
Les idéologues. 10 fr.

Gurney, Myers et Podmore
Les hallucin. télépath. 3e éd. 7 fr. 50

Arréat.
Psychologie du peintre. 5 fr.

L. Proal.
Le crime et la peine. 3e éd. 10 fr.
La criminalité politique. 5 fr.
Le crime et le suicide passionnels. 10 fr.

G. Hirth.
Physiologie de l'art. 5 fr.

Dewaule.
Condillac et la psychologie anglaise contemporaine. 5 fr.

Bourdon.
L'expression des émotions et des tendances dans le langage. 5 fr.

L. Bourdeau.
Le problème de la mort. 3e éd. 5 fr.
Le problème de la vie. 7 fr. 50

Novicow.
Les luttes entre soc. humaines. 10 fr.
Les gaspill. des soc. modernes. 5 fr.

Durkheim.
De la div. du trav. soc. 2e éd. 7 fr. 50
Le suicide, étude sociale. 7 fr. 50
L'année sociologique 1re, 2e, 3e et 4e années (1897-1898-1899-1900), chacune. 10 fr.

Payot.
L'éducation de la volonté. 11e éd. 5 fr.
De la croyance. 5 fr.

Ch. Adam.
La philosophie en France (première moitié du XIXe siècle). 7 fr. 50

H. Oldenberg.
Le Bouddha, sa vie, sa doctrine, sa communauté. 2e éd. 7 fr. 50

J. Pioger.
La vie et la pensée. 5 fr.
La vie sociale, la morale et le progrès. 5 fr.

Max Nordau.
Dégénérescence. 2 v. 5e éd. 17 fr. 50
Les mensonges conventionnels de notre civilisation. 4e éd. 5 fr.

P. Aubry.
La contag. du meurtre. 3e éd. 5 fr.

Fr. Martin.
La perception extérieure et la science positive. 5 fr.

A. Godfernaux.
Le sentiment et la pensée. 5 fr.

Em. Boirac.
L'idée de phénomène. 5 fr.

L. Lévy-Bruhl.
La philosophie de Jacobi. 5 fr.
Lettres inédites de J. Stuart Mill à Auguste Comte. 10 fr.
La philos. d'Aug. Comte. 7 fr. 50

G. Ferrero.
Les lois psychologiques du symbolisme. 5 fr.

G. Tarde.
La logique sociale. 7 fr. 50
Les lois de l'imitation. 2e éd. 7 fr. 50
L'opposition universelle. 7 fr. 50
L'opinion et la foule. 5 fr.

G. de Greef.
Le transformisme social. 2 éd. 7 fr. 50

Crépieux-Jamin.
L'écriture et le caractère 4e éd. 7 fr. 50

J. Izoulet.
La cité moderne. 4e éd. 10 fr.

Thouverez.
Réalisme métaphysique. 5 fr.
Lang.
Mythes, cultes et religions. 10 fr.
Récéjac.
La connaissance mystique. 5 fr.
Aug. Comte.
La sociologie. 7 fr. 50
Duproix.
Kant et Fichte et le problème de l'éducation. 5 fr.
Brochard.
De l'erreur. 2e éd. 5 fr.
Em. Boutroux.
Études d'hist. de la philos. 7 50 fr.
C. Piat.
La personne humaine. 7 fr. 50
Destinée de l'homme. 5 fr.
P. Malapert.
Les éléments du caractère. 5 fr.
J.-M. Baldwin.
Le développement mental chez l'enfant et dans la race. 7 fr. 50
G. Fulliquet.
Sur l'obligation morale. 7 fr. 50
Jean Pérès.
L'art et le réel. 3 fr. 75
H. Lichtenberger.
Richard Wagner, poète et penseur. 2e édit. 10 fr.
E. Goblot.
La classific. des sciences. 5 fr.
A. Bertrand.
L'enseignement intégral. 5 fr.
Les études dans la démocratie. 5 fr.
E. Sanz y Escartin.
L'individu et la réforme sociale. 7 fr. 50
Max Muller.
Nouv. études de Mythol. 12 fr. 50
A. Coste.
Principes d'une sociol. obj. 3 fr. 75
L'expérience des peuples. 10 fr.
Durand de Gros.
Taxinomie générale. 5 fr.
Esthétique et morale. 5 fr.
Variétés philosophiques 2e éd. 5 fr.
F. Rauh.
De la méthode dans la psychologie des sentiments. 5 fr.
G.-L. Duprat.
L'instabilité mentale. 5 fr.
L. Gérard-Varet.
L'ignorance et l'irréflexion. 5 fr.

P.-Félix Thomas.
L'éducation des sentiments. 5 fr.
Gustave Le Bon.
Psychologie du socialisme. 7 fr. 50
A. Espinas.
La philosophie sociale au XVIIIe siècle et la Révolution. 7 fr. 50
Hannequin.
Ess. sur l'hypoth. des atomes. 7 fr. 50
R. de la Grasserie.
De la psychologie des religions. 5 fr.
Ouvré.
Form. lit. de la pensée grecque. 10 fr.
Renard.
La méthode scientifique de l'histoire littéraire. 10 fr.
Bouglé.
Les idées égalitaires. 3 fr. 75
Lechartier.
David Hume, moraliste et sociologue. 3 fr. 75
Sollier.
Psychologie de l'idiot et de l'imbécile. 2e éd. 5 fr.
Le problème de la mémoire. 3 fr. 75
G. Dumas
La tristesse et la joie. 7 fr. 50
H. Hoffding.
Esquisse d'une psychologie fondée sur l'expérience. 7 fr. 50
Alengry.
La sociologie chez Aug. Comte. 10 fr.
Barzellotti.
La philosophie de H. Taine. 7 fr. 50
Stein.
La question sociale au point de vue philosophique. 10 fr.
Renouvier.
Les dilem. de la métaph. pure. 5 fr.
Hist. et solut. des problèmes métaphys. 7 fr. 50
Sighele.
La foule criminelle. 5 fr.
Leclère.
Le droit d'affirmer. 5 fr.
E. Halévy.
La form. du radicalisme philos.
I. *La jeunesse de Bentham*, 7 fr. 50
II. *Evol. de la doctr. utilitaire*, 1789-1815. 7 fr. 50
P. Hartenberg.
Les timides et la timidité. 5 fr.

Coulommiers. — Imp. Paul BRODARD. — 536-1901.

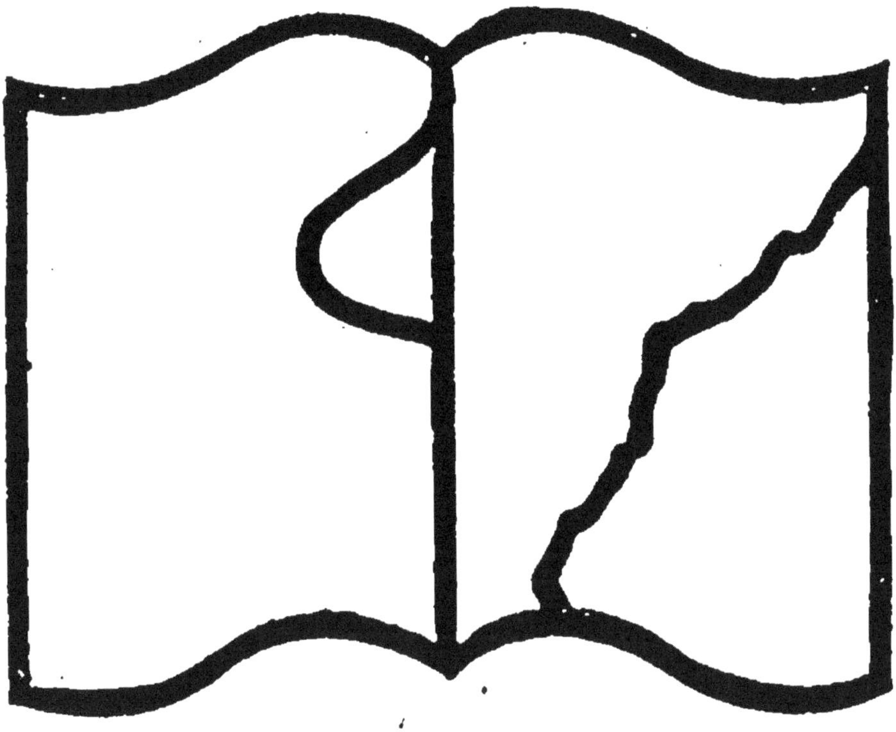

Texte détérioré — reliure défectueuse

NF Z 43-120-11

www.ingramcontent.com/pod-product-compliance
Ingram Content Group UK Ltd.
Pitfield, Milton Keynes, MK11 3LW, UK
UKHW031841260826
14628UKWH00002B/516

9 782013 655071